你以為你以為的
就是你以為的嗎

DO YOU THINK
WHAT YOU THINK YOU THINK?
THE ULTIMATE PHILOSOPHICAL QUIZ BOOK

朱立安・巴吉尼
Julian Baggini

傑瑞米・史坦葛倫
Jeremy Stangroom

陳信宏——譯

目　錄
Contents

引言
Introduction

「認識你自己。」

——德爾菲阿波羅神殿的鐫刻文字

　　毫無疑問，笛卡兒的確是個非常聰明的傢伙；不過，不知道是他自己的問題，還是其追隨者的問題，有許多關於人性的誤解卻都能歸咎到他身上。在這些錯誤的觀念中，最重要的大概算是「心智的不可錯性」，也就是認為我們腦袋裡的感受絕對不可能有錯。我認為我感到疼痛，就一定是感受到了疼痛，而且我的知覺一定沒錯。如果我看到一頭大象，雖然實際上可能根本沒有大象，而是我自己的幻覺，但是我看到大象的這個經驗依然是真的。你的外套在我眼中看來若是黃色的，那麼，就算外套實際上是綠色的，在我眼中看來是黃色的事實還是沒變。

　　不過，直截了當的事實就是，我們確實有可能搞錯自己腦袋中的感受，而且有可能錯得離譜，錯得悲哀。想想一般人常說的那些話就知道了。我以為我墜入愛河，其實只是肉欲。我以為我消化不良，實際上是懷孕了。我以為自己信奉社會主義，看到稅單才知道其實不然。我以為我不想要自己的孩子改變，實際上卻

朱立安・巴吉尼
JULIAN BAGGINI

你以為你以為的就是你以為的嗎？
Do You Think What You Think You Think?

希望他們能和我親近一點。我以為我自己熱愛工作，實際上卻只是藉由工作逃避個人生活上的問題。我以為自己很誠實，實際上卻隱瞞了重要的資訊，欺騙了對方。

我們「實際上」在想些什麼，其實非常難以釐清。這些遊戲的目的是提供一條有趣的途徑，讓你了解自己究竟是用什麼樣的方式思考哪些事情，從而揭露一些出乎你意料之外的事實。玩過這些遊戲之後，你很可能會發現，自己過去以為自己擁有的想法，原來完全不是那麼一回事。這樣的結果也許讓人有點訝異、有點迷惑，但是也充滿了樂趣。

闖關前的準備活動
How to use this book

1　拿一枝原子筆或鉛筆。鉛筆對你較好，因為這樣可以擦掉答
案，重複使用這本書，或是借給別人（原子筆對我們較好，
因為這樣就擦不掉答案；如果你想重做一遍，就必須多買一
本）。

2　不要抱著防衛心態。答錯沒什麼大不了，但是，如果你不同
意我們的答案，也歡迎你提出自己的見解。不過，請不要寄
電子郵件或打電話給我們，也不要在公共場所大吵大鬧。

3　每個題目都慢慢做，仔細做。題目一點都不複雜，只要是頭
腦聰明的小孩都看得懂；不過，若是做得太匆忙，或是跳過
某些步驟，就有可能落到一片茫然的地步。

4　別擔心這本書是不是嚴肅的著作，嚴肅與否只是一種虛妄的
區分。維根斯坦（Ludwig Wittgenstein）說過：「嚴肅且優秀的
哲學著作可以完全由笑話寫成。」由闖關遊戲寫成當然也可
以。

第 **1** 關

哲學健康檢查
The Philosophical Health Check

「我有我自己的意見——很強烈的意見——但我自己不一定
都贊同。」
　　——小布希（George W. Bush）

克林・伊斯威特（Clint Eastwood）曾經說過這句令人難忘的
話：「意見就像屁眼——每個人都有。」不過，我們可不希望自
己的觀點和直腸的任何部位或功能有所相似。別人的觀點也許愚
蠢、思慮不周、幼稚或邪惡，但我們自己的想法絕對是深思熟慮
的結果、充滿睿智的哲思，完全值得別人傾聽。

也許吧。不過，哲學健康檢查的目的，不是要讓你知道自己
哪些想法正確或不正確，而是要讓你了解自己的想法是否經過透
澈的思考。若是將克林・伊斯威特的比喻再做點不雅的衍伸，可
以說這項健康檢查的目的，就在了解你的想法究竟像是緊實的小

朱立安‧巴吉尼
JULIAN BAGGINI

你以為你以為的就是你以為的嗎？
Do You Think What You Think You Think?

尻，還是鬆垮的肥臀。

檢查須知

接受哲學健康檢查很簡單，請仔細閱讀以下的陳述，決定自
己是否同意其中的觀點。在這個階段，只要簡單勾選書頁上的答
案，或者另外寫在一張紙上。還沒作答完畢之前，請不要先看題
後的計分方式或解析。

我們知道，你不一定都會對每一句陳述感到百分之百同意或
不同意，但是應該至少都會比較傾向其中一種立場。如果覺得不
確定，請選擇和你的想法最接近的答案。要是你真的沒有意見，
就趁現在選定立場吧！

哲學健康檢查不會判斷你的答案究竟對或不對，請盡量誠實
作答。題目中的用字都經過精心挑選，因此，作答過程中請仔細
看清楚每一項陳述的意思。

		同意	不同意
1	客觀的道德標準並不存在，道德判斷只是代表個別文化的價值觀。		
2	只要不傷害別人，每個人都應該有權自由追求自己的目標。		
3	如果能夠走路、騎腳踏車或搭乘火車，就不該開車。		
4	剝奪別人的生命是絕對錯誤的行為。		
5	生命權是非常基本的權利，只要是為了拯救生命，財政考量絕對是無關緊要的問題。		
6	自願安樂死不應合法化。		
7	同性戀違反自然，所以同性戀是錯誤的行為。		
8	在完全不可能有證據的情況下相信一件事物的存在，是頗合理的行為。		
9	為了個人吸食而持有毒品的行為應予除罪化。		
10	全能、慈愛又善良的神確實存在。		
11	第二次世界大戰是一場合乎正義的戰爭。		
12	一個人做出決定之後，當初一定也有可能做出其他決定。		
13	僅依能力評斷一個人，不一定是正確的做法。		

朱立安・巴吉尼
JULIAN BAGGINI

你以為你以為的就是你以為的嗎？
Do You Think What You Think You Think?

		同意	不同意
14	對於藝術作品的評斷，純粹是個人品味的問題。		
15	肉身死亡之後，人還是會以非肉體的方式繼續存在。		
16	對於治療效果及安全性未經過測試的健康療法，政府應該禁止。		
17	事實問題沒有客觀的真相可言，「真相」總是因個別文化或個人而異。		
18	無神論和其他宗教一樣是一種信仰，因為神的不存在是無法證實的。		
19	一般而言，適當的衛生與藥物有益於社會。		
20	在某些情況下，為了彌補某人在過去所遭到的傷害，也許應該給他正面的差別待遇。		
21	另類醫療與補助性醫療的價值，並不遜於主流醫療方式。		
22	腦部嚴重損傷可能讓人徹底喪失意識與自我認知的能力。		
23	如果有能力阻止，卻任憑無辜兒童遭受不必要的痛苦，在道德上是一種應該受到譴責的行為。		

		同意	不同意
24	人類不該為了自己的需求，對環境造成不必要的損害。		
25	米開朗基羅是史上數一數二的偉大藝術家。		
26	個人對自己的身體擁有絕對的權利。		
27	種族滅絕行為證明人類有可能做出極大的惡行。		
28	猶太人大屠殺是歷史真相，發生過程和史書上的記載大致相符。		
29	人民應該允許政府大幅提高稅率，拯救開發中國家的人民。		
30	未來早已確定，一個人的人生走向完全被命運指引。		

朱立安 · 巴吉尼
JULIAN BAGGINI

你以為你以為的就是你以為的嗎？
Do You Think What You Think You Think?

如何計分

T1 到 T15 的每個編號下都有兩個格子，請勾選和你答案相符的格子（T 代表緊張關係，Q 代表題目）。

T1	T2	T3	T4	T5
Q1 同意	Q5 同意	Q10 同意	Q17 同意	Q24 同意
Q27 同意	Q29 不同意	Q23 同意	Q28 同意	Q3 不同意

T6	T7	T8	T9	T10
Q2 同意	Q26 同意	Q4 同意	Q12 同意	Q19 同意
Q9 不同意	Q6 同意	Q11 同意	Q30 同意	Q7 同意

T11	T12	T13	T14	T15
Q20 同意	Q22 同意	Q8 不同意	Q14 同意	Q16 同意
Q13 不同意	Q15 同意	Q18 同意	Q25 同意	Q21 同意

　　若是在 T1 到 T15 的每個編號下勾選了兩個格子，就代表你的信念體系中存在一項緊張關係，我們稍後會說明這是什麼意思。不過，你可能想要先知道自己的分數，下列就是各種分數所代表的意義。

沒有緊張關係	在我們提出的問題中，你的觀念完全一致。
1、2個緊張關係	你的思想就算不是完全一致，至少也非常接近了。
3－5個緊張關係	你和大多數人一樣，各種觀念之間存在不少矛盾與衝突。
6個緊張關係以上	若不是思想極度細膩，就是一大團矛盾的綜合體！

朱立安・巴吉尼
JULIAN BAGGINI

你以為你以為的就是你以為的嗎？
Do You Think What You Think You Think?

整體分析

哲學健康檢查的目的，就是指出你抱持的各種信念之間是否存在著緊張關係或矛盾；不是要確認哪些信念正確或錯誤，而是要讓你了解自己的信念可能有哪些互不相容之處。

得分當中的每一項緊張關係可能代表兩種意義：（1）兩種信念互相矛盾；（2）必須透過非常細膩繁複的思辨，兩種信念才能並存而不致矛盾。不論是哪一種意義都表示，同時抱持這兩種信念若不是根本不可能，至少也是非常困難。箇中原因將在稍後說明。

你可以將「緊張關係」想像成理智上的平衡特技。兩種信念之間若是沒有緊張關係，就不需要花什麼心思平衡這兩種信念。不過，信念之間若是存在許多緊張關係，你就必須拋棄其中一項信念才能「跳下鋼索」；不然就是花費極大心思，巧妙維持平衡；再不然就是不願放棄任何一項信念，卻又無法化解其中的緊張關係，而終究不免「跌下鋼索」。

你是否應該介意自己信念中存在的緊張關係呢？若你重視一致性，就應該（1）放棄其中一種信念，或者（2）設法以合乎理性的方式，化解兩種信念之間的緊張關係。若你不在乎自己的思想是否一致，也許應該改變這種想法。

請注意，這項測驗只能就本書作者事先挑選出的一對對信念找出其中的緊張關係，無法找出各種額外衍生的信念之間可能存在的所有緊張關係。所以，你抱持的信念中，可能還有其他緊張

關係是這項測驗無法檢查出來的；就算你的得分顯示完全沒有緊張關係，也不表示你的所有信念完全一致。

解析各項緊張關係

在這個部分，我們將說明每一組信念之間的緊張關係究竟在哪裡。也許你只想挑和自己有關的部分來讀，但是，了解一下那些你沒落入的陷阱，應該也頗為有趣——或許可以幫你逮到朋友的思想缺陷。我們也會讓你知道，在網路上做過這項測驗的 8 萬名受試者當中，每一種緊張關係的受害者有多少人。

緊張關係 1：道德觀是否只具相對性？

如果對以下這兩句陳述同時表示同意，思想中就帶有這種緊張關係。第一句陳述是：「客觀的道德標準並不存在，道德判斷只是代表個別文化的價值觀。」第二句陳述則是：「種族滅絕行為證明人類有可能做出極大的惡行。」將近半數的線上受試者都帶有這項緊張關係。

這兩項信念之間的緊張關係在於，前者認為道德觀只是文化與傳統的產物，後者則譴責種族滅絕行為是「惡行」；然而，「種族滅絕是惡行」這樣的說法卻似乎超越了文化與傳統的界線。也許你可以說，「種族滅絕是惡行」只代表某個文化的價值觀，但不表示每個文化或每個時代都把種族滅絕視為惡行。不過，應該沒有多少人真能接受這項觀點合理推論所得的結果：1994 年盧安達的胡圖民兵屠殺圖西人的行為，在你的文化看來是邪惡的行

為，就胡圖人的觀點卻不是如此，而且這兩種道德判斷也沒有孰
優孰劣的問題。然而，如果道德判斷真的只是「代表個別文化的
價值觀」，反對種族滅絕與虐待行為的價值觀，怎麼可能優於認
同這些行為的價值觀呢？

緊張關係 2：人命能否以金錢衡量？

　　這項緊張關係會出現，是因為你同意這句陳述：「生命權是
非常基本的權利，只要是為了拯救生命，財政考量絕對是無關緊
要的問題。」卻不同意這句陳述：「人民應該允許政府大幅提高
稅率，拯救開發中國家的人民。」約有四分之一的線上受試者帶
有這項緊張關係。

　　如果生命權是非常基本的權利，以致拯救生命的決定不該被
財政考量影響，那就應該不惜任何花費拯救人命。如果兩億新台
幣能拯救一名癌症病患的生命，這筆錢就該花，沒有其他廢話；
不過，如果真是這樣，西方世界絕對也應該不惜投下鉅資拯救開
發中國家人民的性命。你可能每個月都固定捐贈 5 千元給開發中
國家的人民，可是，如果拯救性命不該受到金錢考量的影響，為
何不捐一萬或 5 萬，或是你拿得出來的上限？如果你不這麼做，
其實就是間接主張，個人與政府沒有義務不顧金錢成本而全力拯
救性命──也就是說，只要花一定的錢拯救性命就「夠了」，就
算你的財力還能拿出更高的金額拯救更多人，也沒有必要這麼
做。由此可見，雖然財政考量與拯救生命的決定有關，但是救一
條人命應該花多少錢還是有一定的限制。

緊張關係3：全能又善良的神是否存在？

如果對以下這兩句陳述同時表示同意，思想中就帶有這種緊張關係。第一句陳述是：「全能、慈愛又善良的神確實存在。」第二句陳述則是：「如果有能力阻止，卻任憑無辜兒童遭受不必要的痛苦，在道德上是一種應該受到譴責的行為。」約有三分之一的線上受試者帶有這項緊張關係。

將這兩項信念並置，就會產生所謂的「惡的問題」。這個問題很簡單：如果神真的全能、慈愛又善良，祂就無所不能，也一定會做出合乎道德的事情。這表示祂一定不會讓無辜的兒童遭受不必要的痛苦，因為這是祂可以輕易阻止的現象；然而，祂卻任憑這種現象發生。許多幼兒遭受的痛苦是人為造成，但也有很多是源於自然的因素，例如疾病、洪水或飢荒。這些都是神可以阻止的現象，神卻不這麼做。

企圖解釋這種矛盾現象的論證稱為「神義論」，現在已有許多這種理論。其中大多數結論都認為，神之所以讓人受苦，是為了幫助人的靈性成長，或是為了讓人享有自由。至於這些神義論的論證是否充分，至今仍是爭論不休的議題。

緊張關係4：絕對的真相是否存在？

如果對以下這兩句陳述同時表示同意，思想中就帶有這種緊張關係。第一句陳述是：「事實問題沒有客觀的真相可言，『真相』總是因個別文化或個人而異。」第二句陳述則是：「猶太人大屠

殺是歷史真相，發生過程和史書上的記載大致相符。」超過三分之一的線上受試者帶有這項緊張關係。

如果真相只是相對的，那就沒有任何事情是直截了當的「真相」或「事實」，一切事物都只是「對某人而言為真」或者「對某人而言是事實」。那麼，猶太大屠殺又怎麼說呢？當初納粹是不是真的有計畫地屠殺數以百萬猶太人、吉普賽人、同性戀者，以及第三帝國的其他「敵人」？如果你認為客觀的真相並不存在，就必須說這個問題沒有直截了當的答案；對某些人來說，猶太大屠殺是事實，對某些人來說卻不是。那麼，對於否認這項事實的人，你能說什麼？他們的觀點和你的觀點難道不是一樣合理嗎？你還怎麼能一方面主張猶太大屠殺是歷史事實，同時又否認世事存在單一的真相？要化解這項理智上的緊張關係，確實是一大挑戰。所以，許多人經過思考之後，都寧可同意客觀的真相確實存在。

緊張關係 5：我對環保應該投注多少心力？

這是最常見的緊張關係：約有半數的線上受試者都落入這個陷阱中，一方面同意「人類不該為了自己的需求，對環境造成不必要的損害」這句陳述，同時又反對「如果能夠走路、騎腳踏車或搭乘火車，就不該開車」這句陳述。

就同一段旅程而言，走路、騎腳踏車或搭火車對環境造成的傷害都小於開車。因此，如果在能夠採取其他交通方式的時候卻選擇開車，你的行為就對環境造成不必要的損害。

　　這裡的問題在於「不必要」一詞。必要的意思若是指為了生存所需，就很少有什麼事算得上必要。不過，也許你會說自己搭乘車輛或飛機是必要的行為，雖然不是為了生存所需，卻是為了維持一定的生活品質。問題是，一旦採取這樣的立場，便再也無法批判他人，因為這麼一來，所謂的「必要」就只是自己認為重要的事情。搭一趟飛機所產生的空氣汙染，可能比開一年高汙染車輛都還嚴重。那麼，到底是誰對環境造成了不必要的損害？

緊張關係6：個人能不能自由追求自己的喜好？

　　之所以會產生這項緊張關係，原因是同意「只要不傷害別人，每個人都應該有權自由追求自己的目標」這句陳述，卻又反對「為了個人吸食而持有毒品的行為應予除罪化」這句陳述。這項緊張關係雖然較不常出現，但是也有大約十分之三的線上受試者落入這個陷阱。

　　為了避免構成矛盾，你必須以具有說服力的說法證明，吸食毒品除了對自己有害，也會對別人造成傷害。此外，你也必須證明，違法吸毒對別人造成的傷害更甚於若干合法行為，諸如抽菸、喝酒及駕車，除非你認為這些行為也應該被法律禁止。飲酒、抽菸、車禍是西方社會三大死因，因此，這樣的論點大概很難令人信服。實際上，對於自己認為不該除罪化的每一種藥物，也必須一一提出證明的理由。當前的法律禁止哪些藥物，並非先天造成的結果，因此沒有理由對現行法律禁止的所有藥物一視同仁。

緊張關係 7：我對自己的身體有沒有主權？

如果思想中帶有這種緊張關係，就是對以下這兩句陳述都表示同意。第一句陳述是：「個人對自己的身體擁有絕對的權利。」第二句陳述則是：「自願安樂死不應合法化。」只有約八分之一的線上受試者帶有這項緊張關係。

如果對自己的身體擁有絕對的權利，自願安樂死為什麼不該合法化？這顯然是一項直接矛盾。若要避免這項矛盾，也許可以對第一句陳述加上這麼一項條件：「除非是攸關生死的決定。」不過，有什麼理由可以讓人加上這項條件呢？你也許可以說安樂死不同，因為安樂死需要第三人協助；不過，一般人通常不會認為，第三人的協助有礙於個人對自己身體所擁有的權利。如果我想刺青，也需要第三人協助；不過，就算找到一名願意幫我刺青的師傅，也不表示我沒有決定是否接受刺青的絕對權利。

緊張關係 8：殺人一定是錯誤的行為？

如果對以下這兩句陳述同時表示同意，思想中就帶有這種緊張關係。第一句陳述是：「剝奪別人的生命是絕對錯誤的行為。」第二句陳述則是：「第二次世界大戰是一場合乎正義的戰爭。」只有約九分之一的線上受試者帶有這項緊張關係。

顯而易見，如果思想中帶有這項緊張關係，一定必須放棄正義戰爭的觀念，不然就是將「剝奪別人的生命是絕對錯誤的行為」這項原則中的「絕對」兩字拿掉。這個原則後面實在很難加

上「除非……」的條件，然後一方面允許大多數人覺得正當的殺人行為，同時又排除一般人認為不正當的殺人行為。舉例而言，「除非是為了自衛」這項條件看起來似乎頗為合理，但是這麼一來，一國的軍隊就只有遭受攻擊時才能反擊，而且絕對不能傷及平民。此外，這種「除非……」的條件也必須經過透澈的思考，不能只是臨時加上以辯護自己認為正確的行為，並且排除自己不喜歡的行為。若要讓人信服這項原則，就必須有更穩固的基礎。

緊張關係 9：未來是否早已確定？

八分之一的線上受試者一方面同意「一個人做出決定之後，當初一定也有可能做出其他決定」，另一方面卻也同意「未來早已確定，一個人的人生走向完全被命運指引」，因而呈現出思想中的緊張關係。

大多數人都認為，人擁有自由意志；然而，許多人卻又同時相信宿命或命運的說法。這兩種信念怎麼可能同時為真呢？如果不論怎麼做，「該發生的都一定會發生」，人怎麼可能擁有自由？舉例而言，假設我在一家服飾店裡，正決定該買哪一件外套。假如我相信宿命或命運，買哪一件外套一定是先天注定的結果。這麼一來，我站在店裡選擇外套的行為就只是一種選擇的假象，因為宿命早已決定我會做出什麼樣的抉擇。果真如此，「一個人做出決定之後，當初一定也有可能做出其他決定」這句話就絕對不成立。因此，想要化解命運與自由意志這兩種信念之間的矛盾關係，顯然是頗為棘手的問題。

朱立安・巴吉尼
JULIAN BAGGINI

你以為你以為的就是你以為的嗎？
Do You Think What You Think You Think?

緊張關係 10：違反自然一定代表錯誤嗎？

　　「一般而言，適當的衛生與藥物有益於社會」以及「同性戀違反自然，所以同性戀是錯誤的行為」這兩句陳述的關聯性雖然不太容易看得出來，但是兩者之間確實存在著緊張關係。八分之一的線上受試者帶有這項緊張關係。

　　大多數人都認為，衛生與藥物是有益的；然而，衛生設施和藥物難道不是違反自然的東西嗎？繁複的現代下水道系統以及家用的潔淨水源哪裡合乎自然？化學治療或其他先進醫學療法又有什麼合乎自然的地方呢？所以，這裡的第一個問題是，大多數人其實都不認為違反自然的事物一定不好；這也就是說，違反自然不能當成駁斥同性戀行為的理由（而且，同性戀究竟哪裡違反自然，也還是個問題）。第二個問題則是邏輯上的問題。一件事物「實際上」如此，不表示這件事物也「應當」如此。「癌症會致人於死」是事實沒錯，但這不表示「癌症應該（就這個字眼的道德意義而言）致人於死」。因此，從單純的事實直接推導出道德價值的結論，是有問題的做法。

緊張關係 11：正面的差別待遇是不是合理的做法？

　　這是線上受試者最少出現的一項緊張關係，只有不到十分之一落入這個陷阱。如果一方面同意「在某些情況下，為了彌補某人在過去所遭到的傷害，也許應該給他正面的差別待遇」，卻又反對「僅依能力評斷一個人，不一定是正確的做法」，思想中就

帶有這項緊張關係。

　　正面的差別待遇表示，決定怎麼對待一個人的時候，會把這個人本身能力以外的因素納入考量。這也就是說，在正面差別待遇的措施下，並不是僅依自身的能力受到評斷。因此，若要支持正面差別待遇的做法，就必須同意有時評斷一個人不該以能力為準。另一方面，若是認為個人絕對應該依自身的能力受到評斷，就必須放棄對正面差別待遇的信念。有些人也許會採取較細膩的思考方式，指稱人不該依其實際能力受到評斷，而應該以他和其他人都擁有相同機會的情況下可能具備的能力為準。這種主張的問題是，實在很難斷定一個人在這樣的情況下應該具備什麼樣的能力。

緊張關係 12：自我的根源何在？

　　如果你同意「腦部嚴重損傷可能讓人徹底喪失意識與自我認知能力」，也同意「肉身死亡之後，人還是會以非肉體的方式繼續存在」，你的信念就存在緊張關係，而且，這種想法和將近三分之一的線上受試者一樣。

　　嚴格說來，這兩種信念不算矛盾，但確實是兩種關係頗為彆扭的世界觀。一種觀念認為，人類的意識與自我認知以某種方式仰賴於大腦活動，這也就是腦部損傷確實會對「自我」造成損害的原因；不過，另一種觀念卻又認為，自我獨立於肉體之外，即使大腦死亡之後也還繼續存在。因此，意識與自我也就同時需要也不需要依賴健康的大腦而存在。你也許可以說，自我在肉體死

亡之前必須依賴大腦而存在，但這裡深層的問題並不是兩種信念之間的緊張關係能否化解，而是這兩者似乎隱含了更廣大且互相矛盾的世界觀：一方認為意識源自大腦，另一方則認為源自某種非物質性的東西。

緊張關係 13：何謂信仰？

　　思想中帶有這項緊張關係的人，一方面不同意「在完全不可能有證據的情況下相信一件事物的存在，是頗為合理的行為」，另一方面卻又同意「無神論和其他宗教一樣是一種信仰，因為神的不存在是無法證實的」。大約四分之一的線上受試者帶有這項緊張關係。

　　一般人似乎非常不願意承認這項緊張關係的存在，但我們認為我們的邏輯正確無誤。若是不同意第一項陳述，就是認為一件事物若沒有充分的理由讓人相信，相信這件事物就是不理性的行為。舉例而言，假如有人說當下有肉眼看不見的粉紅色精靈圍繞著冥王星飛舞，自然無法確切證明這種可能性一定不存在，但是一般人也不會認同這種可能性，因為根本沒有證據可以證明精靈的存在。這樣的思考不是信仰問題，而是完備的推理。然而，若是認為無神論和其他宗教一樣是一種信仰，「因為」無法證實神不存在，這樣的主張就與先前的原則矛盾。先前的原則認為「一件事物若沒有充分的理由讓人相信，相信這件事物就是不理性的行為」，後續這項主張卻認為「一件事物若沒有充分的理由讓人相信，就必須藉助信仰的力量才能不相信這件事物」。因此，無

神論和相信神的存在並非同樣都是信仰。簡言之，沒有證據也願意相信（即信仰）和沒有證據而不相信（經過理性思考而拒絕同意的行為）是互不相同的兩回事。

緊張關係 14：藝術作品該如何評斷？

將近半數的線上受試者都帶有這項緊張關係，一方面同意「對於藝術作品的評斷，純粹是個人品味的問題」，卻也同意「米開朗基羅是史上數一數二的偉大藝術家」。

這項緊張關係主要源自於，大多數人都不認為米開朗基羅的地位值得懷疑。對於哪些人是史上最偉大的藝術家，每個人也許各有不同想法，但是米開朗基羅一定排在前幾名。不過，如果這是真的，藝術作品的評斷怎麼可能「純粹」是個人品味的問題呢？如果一個毫無技藝的人聲稱自己和米開朗基羅是同樣優秀的藝術家，一般人應該都會認為這個人的話沒有道理，而不是認為這只是品味不同的問題。大多數人可能都會認為，米開朗基羅優於其他藝術家是一項事實，而不只是個人看法。這裡的緊張關係就在於，其中一種觀念認為，藝術作品就某些方面而言可由客觀標準加以評判，另一種觀念卻又認為，品味高下只能由主觀加以決定。這兩種觀念算不上矛盾，但畢竟具有緊張的關係。

緊張關係 15：哪些事物應該得到法律允許？

若是對以下這兩句陳述都表示同意，就帶有這項緊張關係。第一句陳述是：「對於治療效果及安全性未經過測試的健康療法，

政府應該禁止。」第二句陳述則是：「另類醫療與補助性醫療的價值，並不遜於主流醫療方式。」近乎半數的線上受試者帶有這項緊張關係。

　　當然，這裡的問題在於，大多數另類醫療與補助性醫療都沒有像「傳統」醫療手段那樣，經過嚴謹的測試。舉例而言，聖約翰草這種廣受使用的抗憂鬱草藥就被發現，如果和其他5種常用藥物的任何一種同時服用，即可能會產生併發症。這項發現是經過大量測試的結果，但這種草藥卻能在沒有醫療建議的情況下輕易取得。這裡有個需要回答的問題：為什麼有那麼多人認為，另類醫藥與療法不必像傳統醫療那樣經過大量測試？只說另類醫藥使用自然原料並不是充分的理由，因為自然界也存在許多天然的毒素。就算有人說，另類醫療的悠久歷史足以證明其安全性，也不表示另類醫療就一定有效。這麼說並不是要批評另類療法，而是質疑一般人看待另類醫療與主流醫療的標準為何不同。

終極思考

　　對於自己的想法缺乏一貫的原則，以及自己的論點中存在嚴重的漏洞，大多數人似乎都不是特別在意；不過，對於自己在這方面的不足真的應該這麼漫不經心嗎？舉例來說，若是政府犯下這種前後不一致的錯誤，我們通常不會這麼寬容；如果政府的政策互相矛盾，許多人就會大罵官員是欺騙人民的偽君子。

　　也許讓自己的思想維持合理程度的一致性確實不容易，而且一般人也實在沒空理會這種事情。想想光是在我們挑出的這少數

幾組信念中，一般人就平均帶有4項緊張關係；由此看來，思想缺乏一致性似乎才是常態。我們應該對這樣的情形樂觀以對嗎？還是每個人都有責任更仔細思考自己的看法呢？

第 2 關

邏輯大考驗
So You Think You're Logical?

「人類極為偏好理論體系與抽象思考，為了證明自己的邏輯無誤，甚至寧可故意扭曲真相，否認感官察覺到的證據。」
——杜斯妥也夫斯基（Fyodor Dostoyevsky）

　　如果你贊同杜斯妥也夫斯基如此嚴厲譴責邏輯的話語，這項測驗也許會改變你的想法。人類的邏輯推理能力其實很糟糕，常常為了證明自己的預感和直覺，寧可否認邏輯的簡單證據。

　　不過，邏輯經常遭到負面的刻畫，被人描繪成冷酷又毫無人性的東西，而且和人生的事務完全無關。斯湯達爾（Stendhal）曾經抱怨：「邏輯既不是藝術也不是科學，只是用來逃避現實的伎倆。」美國科學家約瑟夫・克魯奇（Joseph Krutch）指出：「邏輯是帶著自信走上歧途的藝術。」美國作家阿爾伯特・哈伯德（Elbert Hubbard）也認為邏輯是「強化偏見的工具」。我們則是比較認同

朱立安‧巴吉尼
JULIAN BAGGINI

你以為你以為的就是你以為的嗎？
Do You Think What You Think You Think?

洛克（John Locke）的說法：「邏輯是對思想的解剖。」雖然這項觀點不流行，至少是理想中應然的狀態；不過，等一下你就會發現，實際上卻常常不是如此。

測驗須知

這項測驗共有4個推理題目，請依序作答。仔細閱讀題目指示，完成一題之後才接著做下一題。

第1題：偶數與母音

假設你是一家卡片生產商的品管人員。這家生產商正為一名實驗心理學家生產一系列卡片，卡片的製作規則如下：如果卡片一面的字母是母音，另一面的數字就是偶數。

底下有4張這種卡片，你知道每張卡片都是一面印著字母，一面印著數字。請問只需翻動哪幾張卡片，即可確認這4張卡片都沒有違反製作規則？請勾選你必須翻動的卡片。

E	T	4	7
☐	☐	☐	☐

第2題：搭配顏色的圓形與方形

假設你受僱於一家紙牌生產商，負責檢查某一項遊戲的紙牌是否都製作正確。

這些紙牌的製作規則如下：如果紙牌的一面印著圓形，另一面就必須是黃色。

底下有4張這種紙牌，你知道每張紙牌都是一面印著幾何形狀，另一面印著顏色。請問只需翻動哪幾張紙牌，即可確認這4張紙牌都沒有違反製作規則？請勾選你必須翻動的紙牌。

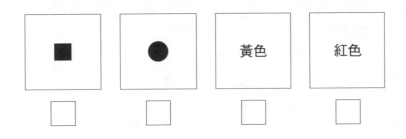

第3題：偷喝啤酒

　　你是一家酒吧的老闆，非常重視未成年飲酒的問題。你的酒吧位於一座大學城裡，所以你懷疑有些顧客可能是未達法定飲酒年齡的學生。現行法律規定，必須年滿21歲才能飲用酒精飲料（例如啤酒）。

　　底下的卡片印有酒吧裡4名顧客的年齡，以及他們習慣飲用的飲料。每張卡片代表一個人，卡片的一面印著這個人的年齡，另一面印著他們剛剛喝了什麼飲料。

　　請問只需翻動哪幾張卡片，即可確認這4名顧客都沒有違反法律規定？請勾選你必須翻動的卡片。

剛剛喝了啤酒	剛剛喝了可樂	23歲	19歲
☐	☐	☐	☐

第4題：上班時間上網

假設你是一家小公司的老闆，僱用了20幾名員工。你發現員工在辦公室裡似乎會花許多時間上網看自己想看的東西，但你認為這種行為應該屬於員工的額外福利，而不是原本就有的權利。於是你訂立了一項規則，規定員工在上班時間若是想要一天上網超過兩個小時，就必須前一個月至少為公司賺進30萬元。

底下的卡片印有4名員工的上網習慣。每張卡片代表一名員工，卡片的一面印著這名員工昨天在上班時間上網的時數，另一面則印著他上個月為公司賺進的收入。

請問只需翻動哪幾張卡片，即可確認這4名員工都沒有違反你的規則？請勾選你必須翻動的卡片。

上網 1小時	上網 3小時	上個月 賺進20萬	上個月 賺進40萬
☐	☐	☐	☐

你的成績如何？

下列為正確答案。

第1題　　應該只勾選「E」和「7」
第2題　　應該只勾選「●」和「紅色」
第3題　　應該只勾選「剛剛喝了啤酒」和「19歲」
第4題　　應該只勾選「上網3小時」與「上個月賺進20萬」

你的成績代表什麼意思呢？

全部答錯　請重修邏輯入門
答對1題　還可以更好
答對2題　你和全人類的四分之三屬於同一群
答對3題　你就是一般人所謂聰明過頭的那種人
答對4題　你實在太有邏輯了

　　想了解這些概略的評語背後存在多麼細膩的推理，請繼續讀下去吧……

整體分析

這項測驗最有趣的地方，就是4個題目背後的邏輯其實都一樣。線上受試者接受這項測驗之後，第一題只有16%答對，第二題更只有12%；不過，第三題則有76%答對，第四題為68%。同樣的邏輯，答對率卻完全不同，這到底是怎麼回事？

這4個題目是改編自心理學家彼得‧瓦森（Peter Wason）在1966年設計的測驗。他當初設計這項測驗，是為了檢驗邏輯推理能力，可是後來被愈來愈多心理學家用於分析人類推理機制的思考架構。這項測驗能了解受試者面對「若P則Q」這樣的條件時，是否有能力找出不符合這個條件的情況。如同你剛剛做過的題目，這項測驗先向受試者提出4張卡片：一張卡片代表P（例如一個圓形），一張代表非P（例如一個正方形），再一張代表Q（例如黃色），最後一張則代表非Q（例如紅色）。

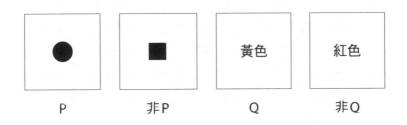

●	■	黃色	紅色
P	非P	Q	非Q

　　測驗人員告知受試者，如果卡片的一面有某一種幾何圖形，另一面就會有某一種顏色，接著要求受試者選出必須翻動哪幾張卡片，才能確定是否有任何一張卡片違反了「若P則Q」的條件──在這個題目裡，這項條件就是：如果卡片的一面印著圓形（P），另一面就印著黃色（Q）。

　　正確答案是應該翻動印著圓形（P）和紅色（非Q）的卡片。不需翻動印著正方形（非P）的卡片，因為不論另一面是什麼顏色，都和「若P則Q」的條件無關（這項條件並未規定非P的情況）。也不需翻動印著黃色的卡片，因為不論另一面是圓形還是正方形，都和前提條件無關（另一面若是圓形，當然不違反原本的條件；但更重要的是，若是正方形也沒關係，因為前提條件並沒有規定：「唯有卡片的一面是圓形，另一面才可以是黃色」）。

　　這項測驗的重點就是要讓我們知道，我們答對這個題目的能力確實低得令人難以置信！一般而言，75～80%的人都無法答對這一題。這個題目的答對率和受試者的教育程度沒什麼關係，即便接受過形式邏輯的訓練，一樣沒有太大的影響（實際上，我們兩人的其中一人就常常在現場示範這項測驗時出糗）。我們常犯的錯誤大概都差不多。一般人幾乎都會知道該翻動印著圓形（P）的卡片，卻沒想到也該翻動紅色（非Q）的卡片；而且，大多數人都常常以為應該翻動黃色（Q）的卡片。這個現象最有趣的地方就是，即便在揭露了正確答案之後，許多人還是會懷疑答案是否正確。一般人總覺得「應該」翻動黃色（Q）的卡片。

　　對於瓦森的測驗和其他類似的題目常常答不出正確的答案，

這種現象其實帶有幾項重要的意涵，其中一項是關於有根據的信念。一項信念若是奠基於有瑕疵的推理，繼續抱持這項信念就是不合理的行為，不過，如果整體而言我們下意識的推理一向不完備，理性對信念有多少限制的問題就根本沒有意義。

另一項意涵則是，這項測驗可以讓我們看出人腦演化的方式。心理學家利達・柯斯麥（Leda Cosmides）與人類學家約翰・圖比（John Tooby）指出，由瓦森測驗的結果可知，人腦演化出來的推理程序，並非專門用於偵測邏輯上違反條件規則的現象；此外，他們聲稱就算條件規則的內容取自一般人日常生活中熟悉的事物，結果還是會一樣。不過，他們認為人類大腦還是能偵測出違反條件規則的現象，只是這種現象必須屬於社交情境中的欺詐行為。這種情境就是，一個人必須達成某種要求才能獲得特定獎賞（例如，「學生必須保持房間清潔，才能吃餅乾」），欺詐行為則是在沒有達成要求的情況下獲取獎賞。柯斯麥與圖比發現，如果改編瓦森測驗，使其反映出一種欺詐情境，受試者的答對率就會大幅提高。此外，他們也發現，這種現象和受試者是否熟悉題目中的欺詐情境無關──就算受試者不熟悉這種情境，答對率還是遠優於原本的題目。

你剛剛做的題目就是為了驗證這項論點而設計的。前兩題是標準的瓦森測驗題目，後兩題則是納入欺詐情境的測驗題目。

如果柯斯麥與圖比的說法沒錯，而且此處這4個題目的設計也沒有問題，你應該就會覺得前兩題比後兩題還困難許多。事實上，在回答那兩個帶有欺詐情境的問題時，你很可能會經驗到柯

朱立安・巴吉尼
JULIAN BAGGINI

你以為你以為的就是你以為的嗎？
Do You Think What You Think You Think?

斯麥與圖比所說的「蹦出」效果，覺得自己一眼即可看出答案（也就是根本不需要分析）。

從線上受試者的表現看來，實際上顯然是如此，因為前兩題的答對率非常低，但是大多數人卻都能答對後兩題。

正確答案解析

以下將解說你對每一張卡片應該採取的處理方式,好讓你了解自己錯在哪裡,又是為什麼錯——假如你答錯了。

第1題:偶數與母音

規則:卡片一面的字母若是母音,另一面的數字就是偶數。

題目中的4張卡片是否都必須翻開來檢查另一面,才能確認這些卡片是否違反了規則?

卡片「E」　必須翻開。這張卡片的一面印著母音字母,另一面可能沒有印上偶數,必須檢視卡片的另一面才能確認這一點。如果另一面不是偶數,這張卡片就違反了規則。

卡片「T」　不必翻開。題目並沒有規定印著子音字母的卡片背面必須是什麼模樣,因此,不需翻開背面就能知道這張卡片沒有違反規則。

卡片「4」　不必翻開。不論背面是什麼字母,都不違反規則,所以不需翻開這張卡片。換句話説,看到卡片的一面印著偶數,就足以確定這張卡片沒有違反規則,不論另一面印著什麼都一樣。

朱立安・巴吉尼
JULIAN BAGGINI

你以為你以為的就是你以為的嗎？
Do You Think What You Think You Think?

卡片「7」 必須翻開。這張卡片的一面印著奇數，另一面可能印著母音字母，必須檢視卡片的另一面才能確認。如果另一面是母音，這張卡片就違反了規則。

第2題：搭配顏色的圓形與方形

規則：如果紙牌的一面印著圓形，另一面就必須是黃色。

題目中的4張紙牌是否都必須翻開來檢查另一面，才能確認這些紙牌是否違反了規則？

「正方形」 不必翻開。題目並沒有規定印著正方形的紙牌另一面必須是什麼顏色，因此，不必翻開背面也可以知道這張紙牌沒有違反規則。

「圓形」 必須翻開。這張紙牌的一面印著圓形，另一面可能不是黃色，必須翻開背面才能確認這一點。如果背面不是黃色，這張紙牌就違反了規則。

「黃色」 不必翻開。不論這張紙牌的另一面是不是印著圓形，都不違反規則，所以不需翻開檢查。換句話說，看到紙牌的一面是黃色，就足以確定這張紙牌沒有違反規則，不論另一面印著什麼都一樣。

「紅色」　必須翻開。這張紙牌的一面是紅色，另一面可能印著圓形，必須檢視紙牌另一面才能確認這一點。如果另一面是圓形，這張紙牌就違反了規則。

第3題：偷喝啤酒

規則：必須年滿21歲才能飲用酒精飲料（例如啤酒）。

題目中的4張卡片是否都必須翻開來檢查另一面，才能確認這些卡片是否違反了規則？

「剛剛喝了啤酒」

必須翻開。這個人喝了啤酒，他可能未滿21歲，必須翻開這張卡片才能確認這一點。如果他未滿21歲，就違反了規則。

「剛剛喝了可樂」

不必翻開。題目並沒有規定必須年滿幾歲才能喝可樂，因此，不必翻開卡片也可以知道這個人沒有違反規則。

「23歲」　不必翻開。不論這個人有沒有喝酒，都不違反規則。換句話說，看到這個人的年齡是23歲，就足以確定他沒有違反規則，不論他喝什麼飲料都一樣。

朱立安‧巴吉尼
JULIAN BAGGINI

你以為你以為的就是你以為的嗎？
Do You Think What You Think You Think?

「19歲」　　必須翻開。這個人才19歲，說不定剛剛喝了酒精飲
料，必須翻開這張卡片才能確認這一點。如果他喝了
酒精飲料，就違反了規則。

第4題：上班時間上網

規則：員工在上班時間如果想要一天上網超過兩小時，就必須前
一個月至少為公司賺進30萬元。

**題目中的4張卡片是否都必須翻開來檢查另一面，才
能確認這些卡片是否違反了規則？**

「上網一小時」

不必翻開。題目規定的對象只限於一天上網超過兩小
時的員工，這個人的上網時間只有一小時，不必翻開
卡片也可以知道這個人沒有違反規則。

「上網3小時」

必須翻開。這個人上網3小時，說不定上個月沒有為
公司賺進30萬元，必須翻開這張卡片才能確認這一
點。若他沒為公司賺進30萬元，就違反了規則。

「上個月賺進20萬」

必須翻開。這個人上個月只為公司賺進了20萬元，

説不定他昨天上班時間也上網超過兩小時，必須翻開這張卡片才能確認這一點。如果他昨天上網超過兩小時，就違反了規則。

「上個月賺進40萬」

不必翻開。在這種情況下，不論這個人上班時間是否上網超過兩小時，都不違反規則。換句話説，看到這個人上個月為公司賺進超過30萬元，就足以確定他沒有違反規則，不論他上網時間多長都一樣。

終極思考

有一種觀念認為，邏輯思考不是人類自然的思考方式。每個人對這種觀念的反應各自不同。對於重視理智與理性的人而言，這項觀念未免令人沮喪；對於喜歡頌揚非理性與直覺的人而言，這項觀念則證明了理智不是我們前進的路途。不過，這些人應該小心點，一件事物是否自然，不代表這件事物就正確或錯誤。舉例而言，男人的天性也許是要在愈多女人身上播種愈好，但這麼做不一定就是正確的行為。

這項測驗真正讓我們了解的是，我們必須體認到自己的推理能力其實沒有自己以為的那麼好，而且得出的結論常常是經由本能而非理性思考所得的結果。這是每個人都必須注意的警訊。

第 **3** 關

三段論健身房
The Syllogymnasium

「向大眾發言的時候，未受教育的人因為用詞簡單，反倒比
受過教育的人更容易打動聽眾。」
　　——亞里斯多德（Aristotle）

　　亞里斯多德是形式邏輯的創始人，但是，他自己也很明白，
用形式邏輯其實很難說服別人。推理完善的論證通常不易理解，
漏洞百出的論證卻常因訴諸情緒和一般人的偏見而效果奇佳。

　　不過，原則上亞里斯多德發展出來的形式邏輯其實頗為簡
單，只要夠細心，應該就能輕易避免錯誤。或者，這也許只是假
象……

熱身

　　開始測驗之前，我們必須先說明規則。這些規則來自於亞里

朱立安‧巴吉尼
JULIAN BAGGINI

你以為你以為的就是你以為的嗎？
Do You Think What You Think You Think?

斯多德創立的一種論證形式，稱為三段論法（syllogism）。要做以下的測驗，只需要知道一項原則，也就是有效原則。有效原則的內容如下：

> 唯有結論是前提的必然結果，
> 這項論證才算有效。

以下舉出一個最著名的例子：

> 所有人都會死。
> 蘇格拉底是人。
> 所以蘇格拉底會死。

前提與結論很容易辨別：結論是最後一句話，而且開頭有「所以」兩字。前提則是推導出結論的基礎。這項論證有效，因為結論是由前提推導而來。如果所有人都會死，而且蘇格拉底也是人，蘇格拉底就一定會死。

　　在此必須特別強調，論證的有效性完全取決於結論是否為前提的必然結果，不論前提與結論是否合乎事實。以下面這項論證為例：

所有乳酪都來自月球。
巧克力是乳酪。
所以巧克力來自月球。

　　乳酪並非來自月球，巧克力也不是乳酪，但是這項論證仍然有效。為什麼？因為如果乳酪確實來自月球，而且巧克力也確實是乳酪，則巧克力必然來自月球。這個道理可說就像黑夜跟著白晝一樣顯而易見。
　　再看另一個例子：

素食者不吃豬肉香腸。
摩比不吃豬肉香腸。
所以摩比是素食者。

　　這個例子裡的兩句前提都合乎事實，摩比也確實吃素，但是這項論證無效，原因是其中的前提不一定會推導出最後的那句結論。就前提來看，摩比也可能是葷食的猶太人（換句話說，他不吃豬肉香腸可能根本不是因為吃素）。
　　請小心，有時前提也會出現條件式的「如果」句：

如果今天是星期二，我就應該上班。

今天是星期二。

所以我應該上班。

這也是一項有效的論證。

只要了解這些，就可以進行以下的測驗了。測驗當中的題目會要求你判斷論證的有效性，也就是單純判斷一項論證的結論是否為前提的必然結果。這應該一點都不難吧？

健身時間到

測驗就要展開了。以下共有 10 項論證，只需指出每一項論證是否有效即可。如果結論是前提的必然結果，這項論證就有效；如果不是，則無效。其中的陳述是否合乎真實，與你的作答完全無關，只要判斷前提與結論之間的關係即可。

1　如果人為造成的地球暖化現象確實存在，極地冰帽就會融化。
極地冰帽正在融化。
所以人為造成的地球暖化現象確實存在。

2　如果針灸療法會讓人生病，嘗試針灸療法就是愚蠢的行為。
針灸療法不會讓人生病。
所以嘗試針灸療法不是愚蠢的行為。

3　如果我不趕在6點前到家，就來不及看新聞。
　　所以如果我在6點前到家，就來得及看新聞。

4　如果我努力用功，考試就會及格。
　　所以如果我不努力用功，考試就不會及格。

5　男人都是混蛋。
　　有些混蛋很迷人。
　　所以有些男人很迷人。

6　政客都會說謊。
　　正直的人都不是政客。
　　所以正直的人都不會說謊。

7　人命是神聖的。
　　神的所有造物都是神聖的。
　　所以人命是神的造物。

8　每個人都是宇宙之子。
　　每個人都是光明與希望的個體。
　　所以每個光明與希望的個體都是宇宙之子。

9　全素食者都不吃魚。

朱立安・巴吉尼
JULIAN BAGGINI

你以為你以為的就是你以為的嗎？
Do You Think What You Think You Think?

有些吃魚的人不是奶蛋素食者。

所以有些奶蛋素食者不是全素食者。

10 今天不是又晴朗又寒冷。

今天不晴朗。

所以今天寒冷。

你的健身成果如何？

答案很簡單：測驗裡的 10 項三段論都是無效論證。你的成績所代表的意義如下：

全部答對　你是天生的邏輯學家，要不然就是你以前學過這種東西。

答錯 1、2 題　犯錯是人之常情，不過，你有潛力達到超乎常人的邏輯思考能力。

答錯 3、4 題　表現不錯，可是應該細心一點！吃點魚油試試看。

答錯 5、6 題　你的腦筋就像一個人剛瘦了 10 公斤、卻還穿著舊褲子一樣鬆弛。

答錯 7 題以上　請完成以下這項三段論證。答錯 6 題以上的人腦筋不清楚，你答錯了 6 題以上，所以……？糟糕，又把你難倒了。

錯誤解說

測驗裡的 10 項三段論全部無效，而且各自代表一種邏輯錯誤；不過，只要你讀過並消化了以下的解說，以後應該就比較不容易再犯同樣的錯誤。

1　肯定後項

如果人為造成的地球暖化現象確實存在，極地冰帽就會融化。

朱立安・巴吉尼
JULIAN BAGGINI

你以為你以為的就是你以為的嗎？
Do You Think What You Think You Think?

極地冰帽正在融化。
所以人為造成的地球暖化現象確實存在。

所有的三段論證都可以用字母代替特定內容，形成一般性論證形式。因此，第一件事就是挑出特定內容的部分：

如果「人為造成的地球暖化現象確實存在」，「極地冰帽就會融化」。
「極地冰帽正在融化」。
所以「人為造成的地球暖化現象確實存在」。

你可以看到，這項論證裡只有兩種不同的內容，又可稱為「項」。這兩種內容分別為：

人為造成的地球暖化現象確實存在。
極地冰帽正在融化。

用「p」取代前者，「q」取代後者，即可得出這項論證的一般形式：

若p則q
q
所以p

　　簡化成最基本的形式之後，即可輕易看出這個論證形式是否有效。若是有效的論證，只要前提為真，就會產生真的結論；不過，請看以下這個例子：

銀行在星期一都會營業。
今天銀行有營業。
所以今天是星期一。

　　這個結論顯然不是從前提推導出的必然結果，原因是銀行在星期一以外的日子也會營業。因此，雖然我們知道銀行在星期一都會營業，卻不能只因銀行營業就斷定這天是星期一，其中的條件是不能逆轉的。

　　然而，許多人卻經常落入這種假邏輯的陷阱，其中一個原因是來自語言模稜兩可的特性。有時我們口中說「如果」，心裡的意思卻是「唯有如果」。父母說如果孩子用功讀書，就會送他們禮物，隱含的意思是說，孩子不用功就拿不到禮物，這裡的「如果」就是代表「唯有如果」。不過，大多數「如果」並非如此。如果你中了樂透，可能會乘船去旅遊；可是，就算沒中樂透，你還是有可能乘船去旅遊。

　　在地球暖化的這個題目裡，這種「如果」的意思差異非常重要。如果地球暖化真的存在，而且也真的是人為造成，確實會造成各種現象；不過，就算地球暖化不存在，其中有些現象還是一樣會發生。這個題目裡的「如果」甚至比平常還重要。

朱立安・巴吉尼
JULIAN BAGGINI

你以為你以為的就是你以為的嗎？
Do You Think What You Think You Think?

2 否定前項

如果針灸療法會讓人生病，嘗試針灸療法就是愚蠢的行為。
針灸療法不會讓人生病。
所以嘗試針灸療法不是愚蠢的行為。

這項論證的形式為：

若 p 則 q
非 p
所以非 q

這種形式的論證也可以舉出這樣的例子：

如果這個東西是一隻貓，就會有毛茸茸的身體。
這個東西不是貓。
所以沒有毛茸茸的身體。

這項論證當然毫無道理，貓不是唯一身體有毛的動物。在針灸的題目裡，雖然針灸療法不會讓人生病，卻也可能有其他不該嘗試的原因。舉例而言，說不定針灸療法無效、耗時、或者花費高昂。

3　不當代換（a）

如果我不趕在6點前到家，就來不及看新聞。
所以如果我在6點前到家，就來得及看新聞。

這項論證的形式為：

若非p則非q
所以p則q

嚴格說來，這項論證不算三段論法，因為三段論證具有兩個前提和一個結論。實際上，這項論證就是將否決前提的錯誤推理簡要呈現出的結果。從以下這個例子即可清楚看出錯誤何在：

如果這隻動物不是狗，就不是靈犬萊西。
所以這隻動物如果是狗，就是靈犬萊西。

世界上不是只有靈犬萊西這條狗，來不及看新聞也不是只有太晚回家這個原因。

4　不當代換（b）

如果我努力用功，考試就會及格。
所以如果我不努力用功，考試就不會及格。

朱立安‧巴吉尼
JULIAN BAGGINI

你以為你以為的就是你以為的嗎？
Do You Think What You Think You Think?

這是前一題的反例，只是把前提改為肯定句，結論改為否定句。同樣，只要舉出另一個例子，就能清楚看出其中的邏輯謬誤所在。

如果我整夜不睡，就能看到日出。
如果我不是整夜不睡，就看不到日出。

然而，看日出不一定要整夜不睡，早起也是一種方式。因此，答錯這題的一個原因可能也是混淆了「如果」和「唯有如果」這兩種用詞。

5　部分與全部的分別

男人都是混蛋。
有些混蛋很迷人。
所以有些男人很迷人。

這項論證和以下這項論證屬於同一種形式（現在應該不必再把基本形式寫出來了吧）：

牛都是四腿動物。
有些四腿動物是大象。
所以有些牛是大象。

說不通吧，對不對？

6 大項不當

政客都會說謊。
正直的人都不是政客。
所以正直的人都不會說謊。

好吧，所以意思就是說：

天主教徒都是基督徒。
衛理公會教徒都不是天主教徒。
所以衛理公會教徒都不是基督徒。

有些人也許會同意這項結論，但是推導出這項結論的邏輯顯然有誤。

7 中項不周延

人命是神聖的。
神的所有造物都是神聖的。
所以人命是神的造物。

照這樣的推論邏輯……

朱立安・巴吉尼
JULIAN BAGGINI

你以為你以為的就是你以為的嗎？
Do You Think What You Think You Think?

香檳是都由葡萄製成。
萊茵白葡萄酒是由葡萄製成。
所以香檳都是萊茵白葡萄酒。

把這項論證說給你的宴會賓客聽聽看。

8 小項不當

每個人都是宇宙之子。
每個人都是光明與希望的個體。
所以每個光明與希望的個體都是宇宙之子。

同理：

牛都是哺乳類動物。
牛都是四腿動物。
所以四腿動物都是哺乳類動物。

可別教鱷魚學邏輯。

9 排斥前提

全素食者都不吃魚。
有些吃魚的人不是奶蛋素食者。
所以有些奶蛋素食者不是全素食者。

再看看以下這項論證：

哺乳類動物都不是雞。
有些雞不是大象。
所以有些大象不是哺乳類動物。

這題比較難理解，問題在於第二個前提讓人有點摸不著頭腦。為什麼要說「有些吃魚的人不是奶蛋素食者」呢？吃魚的人當然都不是奶蛋素食者，就像雞也絕對不會是大象，不只是「有些」而已。不過，就邏輯的觀點而言，既然所有的雞都不是大象，部分的雞當然也不是大象。說某些事物是X，並不排除所有事物都是X的可能性；如果要嚴格遵守邏輯，你的意思若是「全部都不是」，就不能說「有些不是」。太吹毛求疵？沒錯，可是邏輯要求的就是精確。

10否定結合項

今天不是又晴朗又寒冷。
今天不晴朗。
所以今天寒冷。

這又是一個日常語言邏輯不清的例子。請看看以下這項論證：

英國並非比美國大又比牙買加熱。

英國不比美國大。

所以英國比牙買加還熱。

邏輯上的重點是，一件事物如果不是又甲又乙，也可能甲乙都不是；只是我們平常說某件事物不是又甲又乙時，意思通常是說這件事物不是甲就是乙。不過，邏輯絕不容許這種模糊不清的空間存在！

終極思考

有些題目當中的邏輯看起來似乎非常陌生，而且和日常生活毫無關係。我們平日說話通常都知道自己是什麼意思，邏輯學家的吹毛求疵似乎並不恰當。此外，論證的有效性又與前提的真偽無關，這樣的邏輯到底有什麼用？

健全的論證──「健全」正是邏輯的專門術語──不但必須有效，也必須前提為真；如此一來，結論自然也為真。因此，健全的論證必須具備兩項條件：前提為真而且推理有效。確知前提為真是一種技術，確認論證的有效性又是另一種技術。邏輯把重點放在第二種技術上，並非因為這種技術本身有什麼特別，而是因為這是良好推理不可或缺的成分。

邏輯不只是書呆子的學問，在日常語言中，我們經常因不重視論證的邏輯而遭到誤導。最顯而易見的就是，我們常常認為有些錯誤的論證是「如果」陳述的必然結果，因此深信不疑。也許這就是許多打動人心的演說都使用條件句的原因：「如果你想讓

這個國家更好,請投我一票。」就邏輯而言,這句話並不表示,不投票給這位候選人就是不想讓國家更好,但是不免會讓你有這樣的感覺。

　　大多數人都不是天生的邏輯學家,不必擔心自己會因深入思考日常生活中的論證,變成冰冷無情的機器人;然而,我們倒是可能因為這麼做,得以避免誤信錯誤的結論。

第 **4** 關

神明DIY工作室
The Do-It-Yourself Deity

「神既然賦予我們感官、理性與智性，竟然會希望我們放棄
使用這些能力？我不認為自己必須相信這一點。」
——伽利略（Galileo Galilei）

　　你信神嗎？我們必須先知道你信或不信的是哪一種神，你的
答案對我們才有意義。你心中的神是什麼模樣，是個很重要的問
題：究竟是有仇必報，要求世人絕對忠誠的暴君；還是慈愛的父
親；或是一種自然力量，甚至是自然本身？的確，除非我們明確
知道自己對「神」的定義是什麼，否則就無法真正理解自己針對
神所做的各種陳述。

　　不過，就算只是概略為之，定義自己心中的神真有那麼容
易嗎？定義愈完善，神就會顯得愈真實嗎？還是會因此變得更神
祕？接下來，我們就要請熟稔於建構神的形上學工程師幫我們了

解這一點。

建構自己心中的神

你心中的「神」是什麼模樣？以下所列的8項條件就是你心中的神可能具備的特質，只要勾選出自己認為神應該具備的特質即可。

如果你信神，就應該勾選出你認為神所具備的特質；如果你不信神，請勾選出你認為大多數人心中的神應該具備的特質。

這份清單所列的神明特質，是亞伯拉罕傳統的產物。若你心中的神與這項傳統完全不同，或者認為這些條件都不是神應該具備的特質，也可以想像生活在這種傳統中的人對神可能有什麼樣的信仰，再試著從這個人的觀點去勾選以下的特質。

勾選項目不限，請將你認為符合的特質全部勾選出來。

☐ 1　全能（無所不能，什麼事都做得到）

☐ 2　博愛（疼愛一切事物）

☐ 3　全知（無所不知）

☐ 4　造物主

☐ 5　維繫一切事物存在的關鍵（如果神不存在，所有的事物也將隨之消失）

☐ 6　完全自由

☐ 7　永恆存在

☐ 8　屬於個人的神（人與神可以建立個人關係）

你的神是什麼樣子？

要分析你心中的神，請遵循以下的指示：

1　請根據你勾選的特質編號，將下一頁表格中同樣編號的格子塗上顏色（請注意，每個格子的形狀不一定相同，例如編號1的格子是 L 形）。

2　如果你的作答結果符合「在1至7題中勾選了兩題」或「總共只勾選了兩題或更少」，也請你將符合的格子塗上顏色。

3　塗完顏色之後，如果 A 到 H 這欄字母當中，有任何一個字母以左的空間完全塗滿了顏色，就請你在這個字母右側的「警報！」空格打勾。舉例而言，如果你在1、2、3這三個格子都塗上了顏色，B 以左的空間就全部塗上了顏色，因此，應該在 B 右側的「警報！」空格內打勾。「技術難題」說明則是該項警報代表什麼意義，後續的解析還會進一步解釋。

4　在最底下的「警報總數」空格裡，請寫上你總共在「警報！」欄位內打了幾個勾。

朱立安・巴吉尼
JULIAN BAGGINI

你以為你以為的就是你以為的嗎？
Do You Think What You Think You Think?

				警報！	技術難題
					技術難題
		4	A		為什麼創造這樣的世界？
2	3		B		苦難的問題
	6		C		過度慈愛的問題
1			D		做到不可能的事情
5			E		多餘的維繫者
7			F		永恆的問題
8	在1－7題中勾選了兩題		G		好像也不太個人化嘛？
總共只勾選了兩題或更少			H		空話
警報總數					

　　形上學工程師已經根據他們設立的標準，檢測了你建構的神明。等一下可以看到他們的完整報告，但首先請看檢測結果概述：

沒有警報　　恭喜你！沒有任何邏輯上的理由可以阻止我們的形上學工程師打造你心中的神——但不是說這樣的神已經打造出來了。

1、2個警報　　在我們的世界裡，要打造出你的神可能有點困

難，可是，只要你能稍微整理自己概念中的一些
矛盾之處，應該還是有可能辦得到。

3、4個警報　你心中的神具有嚴重的邏輯問題，我們的形上學
　　　　　　工程師實在無力克服。事實上，他們認為應該沒
　　　　　　有人有能力打造出這樣的神。

5個警報以上　在邏輯上，你的神明藍圖實在是一團混亂，也許
　　　　　　你可以考慮當個神祕主義者。

整體分析

這項思想實驗的目的，是要針對你心目中神的概念回答兩個問題。

1　你對神的概念是否自相矛盾？
2　你對神的概念是否和我們生存的這個世界具有一致性？

第一個問題是問你的概念是否合理。例如，一個三角形有4個邊，就是一個自相矛盾的概念，因為三角形的定義就是3個邊的幾何形狀。一個三角形若有4個邊，就是一個具有4個邊的三邊形，兩種條件根本互相衝突。因此，這個概念本身自相矛盾。

不過，就算概念本身前後一致，也不一定表示這項概念指涉的東西就實際存在。舉例來說，如果你認為有一種200公尺高的怪獸活在液態金屬中，這個概念顯然沒有自相矛盾之處，但是，這樣的怪獸並不存在於我們的世界裡。因此，第二個問題問的就是，你對神的概念是否和我們認知的世界相符。

把這兩個問題的答案放在一起，即可看出你對神的概念是否可行。這項測驗的目的不在於證明神究竟存不存在，而是要檢視你對神的概念是否合理。

打勾的警報愈多，你對神的概念和前後一致的標準之間就存在愈多的障礙。當然，各項警報都沒有經過加權計算，即使對神的概念具有許多小問題，也不比出現一項明顯的矛盾來得嚴重。

不過，這些障礙究竟是什麼呢？計分表格簡要說明了每一項警報的意義。在接下來的詳細解析中，就由形上學工程師為我們解說這些技術難題。

形上學工程師的報告

我們的形上學工程師設計了一套新的電腦模擬環境，用來測試各種不同神明概念的可行性。他們利用不同特質的組合，在電腦中模擬建構神明；只要遇到難以克服的問題，就列為一項技術難題。

形上學工程師提出的難題可能代表兩種意義。有些難題只代表他們無力解決明顯可見的問題，也就是說，其中的困難之處源自他們本身知識的不足；其他難題則可能代表根本性的問題，不論多麼深厚的知識都無法解決。不過，你必須自己決定每一項難題屬於哪一類。

A 為什麼創造這樣的世界？

有些人認為，神同時具備以下這些特質：全能（無所不能，什麼事都做得到）、博愛（疼愛一切事物）、全知（無所不知），而且也是所有存在物的造物主；不過，當我們用這些條件建構神的時候，卻遇到一項技術難題：如果這個世界真是這樣的神創造的，祂既然無所不知，一定早就知道這個世界存在各種苦難，但祂還是創造了我們知道的這個世界。祂沒有選擇創造一個充滿美與善的世界，也沒有選擇乾脆不創造世界，為什麼？

朱立安‧巴吉尼
JULIAN BAGGINI

你以為你以為的就是你以為的嗎？
Do You Think What You Think You Think?

　　原因可能是，神事前並不知道世上會出現各種苦難；不過這
麼一來，神就不算是無所不知。原因可能是，神並不在乎世上的
苦難，可是這樣祂就不算博愛。原因也可能是，神無法創造出比
這個世界更美好的世界，可是這樣祂就不是無所不能。唯一能夠
解決這個問題的方式，就是承認神也做不到不可能的事，而這個
世界就是所有可能的世界中最好的一個；不過，我們也很難採信
這種說法，因為我們覺得要改善這個世界其實一點都不難。舉例
來說，我們可以強化人腦的情緒穩定性，減少精神病的罹患率，
從而大幅降低虐殺罪行發生的機率。這麼說有錯嗎？

　　我們還在努力研究神義論，這是形上工程學的一門進階學
問，目的就在解決這項難題，一般稱為「惡的問題」。

B　苦難的問題

　　我們發現很難在這個世界創造一個全能（無所不能，什麼事
都做得到）、博愛（疼愛一切事物）又全知（無所不知）的神。這
裡遇到的難題和前一項難題頗為類似，但不需要假設世界是這位
神創造的。

　　就算這個世界不是神創造的，其中還是存在許多苦難，而
且大多數若不是根本不必要，至少也不必那麼嚴酷。儘管有些苦
難是人類自己造成的，可以視為人類擁有自由意志不可避免的後
果，但還是有許多苦難並不是人類自作自受，瘟疫、洪水和飢荒
就不全是人類造成的結果。即便有人認為，人類的自由意志是世
上大多數苦難的來源，這種觀念還是令人難以接受，因為神若是

無所不能，當然也能限制我們傷害別人的力量，或是遭人傷害的弱點（畢竟，我們在其他面向上的能力就存在許多限制）。

　　既然如此，世上為何存在這麼多苦難？如果神無力阻止這些苦難，就不能算是全能；如果不願阻止，就不算博愛；如果不知道這些苦難的存在，就不算全知。

C　過度慈愛的問題

　　我們企圖建構全能（無所不能，什麼事都做得到）、博愛（疼愛一切事物）又完全自由的神，卻遇到了這個技術難題。如果神完全自由，自然能任意選擇祂要的事物；而且，由於祂無所不能，祂的選擇也絕對不會受到阻礙。然而，神同時卻又是博愛的；照這樣看來，這位神應該永遠不可能做出不慈愛的事情。不是神單純選擇不這麼做，而是祂本身博愛的特質限制了祂的選擇；換句話說，神沒有不慈愛的自由或能力。

　　也許有人會說，神並非必然博愛，只是因為祂從不選擇做出不慈愛的事情，我們才認為祂是博愛的；不過，如果這種說法沒錯，博愛顯然就不能算是神的必然特質。

　　我們認為，這項難題的關鍵，可能在於我們對「完全自由」這個概念的理解。我們很難用這項特質建構出一位神，可能是因一般人對這項特質的認知不同於表面上的意義——也就是神可以恣意選擇做出任何事情。

D　做到不可能的事情

　　若是不釐清這句話的意思，就不可能建構出一位無所不能的神。

　　在我們首次建構的虛擬模型當中，神必須讓這道算式成真：$2 + 2 = 5$（其中各個項次仍然保有尋常的定義）。祂做不到，這個模型也就因此崩解。看起來，沒有任何個體能做到邏輯上不可能的事情；不只人類的智力無法讓 $2 + 2 = 5$，這道算式本身的條件根本就互相矛盾。

　　因此，我們的結論是，「無所不能」頂多是指神可以做到邏輯上可能的所有事情；不過，一旦認為神也受到邏輯可能性的限制，我們就必須接受這樣的後果：如果神具備的某種特質中存在邏輯矛盾，就必須因此放棄這些特質。這麼一來，其實就等於承認神也受到理性的限制（不過，「限制」一詞在這裡究竟是什麼意思，仍是個備受爭議的問題）。

E　多餘的維繫者

　　就這個世界實際上的狀況看來，我們實在很難建構出一位神是維繫一切事物存在的關鍵。這項條件的意思是說，如果神不存在，整個宇宙也將因此消失。不過，根據我們的電腦模型不能不遵循的物理法則，宇宙並不需要外在力量或神明維繫其存在。因此，就現存的這個宇宙看來，我們實在看不出這樣的神在這個宇宙中具有什麼樣的地位。

　　有人說這個世界確實需要一位神聖的維繫者：必須有一個設定法則或者執行法則的個體，才能維繫物理法則運行無誤；不過，這樣的說法顯然是出於對物理法則本質的誤解。社會制定的法律確實需要立法者與執法者，物理法則卻只是事實現象的描述。因此，認為物理法則需要神的維繫，顯然是把法律和自然法則混為一談。

F　永恆的問題

　　我們發現，必須先釐清「永恆存在」的意思，才能設法建構一位永恆存在的神。所謂的「永恆存在」，是不是說神存在於所有的空間與時間中？然而，就物理學的觀點看來，只有在宇宙存在的情況下，才有空間與時間的存在。所以，如果說神存在於所有的空間與時間中，就等於是把神的存在限縮在這個宇宙中。

　　「永恆存在」也能表示神存在於空間與時間「之外」，但是這種意義下的「永恆」實在很難理解。「永恆」的概念不是需要有時間的觀念才有意義嗎？

G　好像也不太個人化嘛？

　　我們實在不了解，依照亞伯拉罕傳統中的許多特質建構出來的神，怎麼可能和人建立個人關係呢？

　　個人關係顯然取決於若干條件。其中一個條件是，建立關係的雙方必須具備一定程度的相似性；另一個條件則是，雙方都必須是人，或至少近似於人，就像某些高等靈長類動物。問題是，

在我們這個世界中，差異極大的事物似乎不可能建立真正的個人關係。一位全能、博愛、全知、永恆存在、而且又是維繫一切事物存在之關鍵的神，與人類自然是天差地遠。

　　人對人的情感也可能發生在人對其他事物上，例如，人對地點或物品的鍾愛就是常見的現象；不過，這和建立個人關係完全是兩回事。同理，人也可以和動物——譬如一隻貓——建立關係，可是這種關係顯然也不是個人關係，因為人對動物的情感和動物對人的情感差異極大。認為人類能和神建立個人關係的人，心中所想像的難道是這種關係嗎？

H　空話

　　你可以只為神指定少數幾項特質，避免矛盾的問題，但是，這麼一來卻會面臨另一個問題：這樣的概念是否過於薄弱，因而不足以說明你心中的神是什麼模樣？舉例而言，神是否全能而不全知？不全知是否也代表一種能力上的限制？如果你的神是維繫世界存在的關鍵，卻又不是這個世界的創造者，這種神是不是滿奇怪的？

　　我們可以建構出某些這種極簡的神，但我們認為這樣建構出來的成果，實在不太像是一般認知中的神。這就像是請賽車廠商製造一部腳踏車，然後期待賽車選手能夠騎著這部車贏得法國利曼24小時汽車耐力賽。

終極思考

也許你覺得我們試圖「建構」神的做法太過粗糙，難道我們忘了神是「超越人類理解」的嗎？一點也沒有。我們知道很多人都這麼說，可是，他們常常緊接著就賦予這位人類無法理解的神非常明確的屬性。

魚與熊掌不可兼得。如果你認為神無法以人類的語言描述，那就不要談論神；如果要談論神，就應該記住自己的描述只是比喻，因此不該假裝自己知道這些比喻究竟代表什麼意思。但是，要做到這一點可沒有說的那麼簡單。我們敬愛神的一個原因，是因為我們認為神是博愛的；不過，如果你認為人其實無法理解神的博愛是什麼意思，就很難說神為什麼值得你敬愛，或者為什麼你會認為神的愛和人的愛有任何相似之處。

不過，如果你認為可以用人的語言來描述神，而且這麼做也比隱晦不清的比喻來得好，就必須嚴肅看待其中的概念矛盾問題。麻煩的是，許多人常常在這兩種選擇之間來回擺盪：平時都以人類的觀念理解神，碰到問題時才推說神不是人的智力所能理解的。

第 5 關

信仰殺戮戰場
Battleground God

「理性是神賜予人最崇高的禮物。」
——索福克勒斯（Sophocles）

在《恐懼與戰慄》（*Fear and Trembling*）這部著作中，19世紀的丹麥哲學家齊克果（Søren Kierkegaard）解析了信仰的本質。他得出的結論，與一般教會所談那種安撫人心的信仰完全不同，所以才會有這個異乎尋常的書名。在齊克果眼中，信仰會帶來恐懼，原因是信仰不但無法得到理性的證明，而且還經常要求我們跳脫理性，擁抱荒謬矛盾的信念。

然而，對大多數人來說，將他們的信仰稱為荒謬矛盾實在是一種侮辱，這就是大多數人——包括教徒與非教徒——認為自己對宗教的信念不但合理且具有一致性的原因。不過，真是這樣嗎？「信仰殺戮戰場」這項測驗將會幫助你釐清這一點。

朱立安・巴吉尼
JULIAN BAGGINI

你以為你以為的就是你以為的嗎？
Do You Think What You Think You Think?

冒險穿越戰場

　　你對宗教的信念能平安通過理智的戰場嗎？在這項測驗裡，你必須回答18項有關神與宗教的陳述，每一題都必須回答是或非（只有第一題可以選擇「不知道」）。也許你會覺得這樣的選擇太過狹隘，而且認為這兩種答案都不完全符合自己的信念；不過，你一定能選出一個答案，因為若無法認同一項陳述為真，就算你的信念頗為近似這項陳述，也應該選擇「否」。看到灰色方格請不要擔心──這只是為了後面的解析之用，並不代表答案的對錯。

　　這項測驗的目的，並不是要判斷你的答案正不正確。我們的戰場是「理性一致性」的戰場，也就是說，如果要平安通過戰場而不中彈，你的答案就必須符合理性上的一致性：避免選擇互相矛盾的答案。如果你的答案具備理性上的一致性，卻帶有奇怪或令人難以接受的涵義，那你也只能「吞下苦果」：雖然許多人認為這樣的結論令人難以認同，而且也是一大問題，但你必須咬牙接受。

　　當然，也許你和齊克果一樣，認為宗教信念不需具備理性上的一致性；不過，這種觀點是否應該被廣泛採納，並不是這項測驗所要探討的問題。這項測驗只是要了解你的信念是否具備理性上的一致性，但無意評判這樣的現象究竟是好是壞。

　　祝你好運！

	是	否	不知道
1 神確實存在。			
2 神的概念具有邏輯上的可能性（也就是說，神的概念本身並無自相矛盾之處）。			
3 如果神不存在，道德標準就沒有根據。			
4 能夠稱為神的個體，必然有為所欲為的絕對自由。			
5 能夠稱為神的個體，必然希望世上的苦難愈少愈好。			
6 能夠稱為神的個體，必然無所不能。			
7 演化論也許有部分細節不夠真確，但基本上是一項符合事實的理論。			
8 人可以將自己對外在世界的觀念奠基在堅實的內在信念上，就算這些信念的真實性完全沒有外在證據可資證明也是一樣。			
9 能夠稱為神的個體，必然無所不知。			
10 虐待無辜的人是違背道德的行為。			
11 如果經過多年的嘗試，還是找不到有力的證據或論證可證明尼斯湖水怪確實存在，因此相信水怪不存在就是理性的行為。			

	是	否
12 世上有人死於可怕而痛苦的疾病，乃是不得不然的現象，因為這些人這麼死是為了某種較崇高的目的。		
13 如果神存在，就可以把我們現在認為罪惡的事物變成合乎道德，原本合乎道德的事物則轉為罪惡。		
14 若沒有確切無疑的證據可證明神的存在，信奉神就是愚蠢的行為。		▨
15 只要沒有足以令人信服的論證或證據可證明神不存在，無神論就只是一種信仰，而非理性思考的結果。		▨
16 連續強暴犯薩特克里夫深信，自己姦殺妓女是遵循神的指示。因此，他確實有正當理由相信自己的行為是在執行神的旨意。		
17 如果神存在，一定可以創造出正方形的圓形，也能讓 1 + 1 = 72。		
18 只要我們內心堅信神確實存在，信奉神就是合理的行為，就算完全沒有外在證據可資證明神的存在也是一樣。		

你的成績如何？

這項測驗的記分方式看起來似乎比其他測驗複雜得多，但其實沒有你想像的那麼困難。

在作答的表格中，灰色方格裡的答案皆可置之不理；至於其他的答案，則必須在下一頁的圖表中找到對應的格子。

然後：

1　你的答案在計分圖表中找到對應的格子後，請將格子塗上顏色。舉例而言，第14題若是回答「是」，就應該將圖表中對應這個答案的格子塗上顏色——這個格子連在一起的兩個部分都必須塗滿。不過，連結格子兩個部分的管道請不要塗色，這樣圖表會比較容易閱讀。

2　接著，看看有哪些箭頭穿越的格子都塗上了顏色。如果你的第3、第4題回答「是」，第13題回答「否」，你就中了6號子彈，請在6號子彈旁邊打勾，表示你中彈一次。子彈的編號與後面的解析互相對應，你可以從相應的解析中了解自己為何中彈。

3　在3種情況下可能會面對僵局，必須做出抉擇才能確認自己是中彈還是吞下苦果。稍後會詳述僵局抉擇的做法。

4　計分方式：每吞一顆苦果得1分，每中一彈得3分。

5　看看你的得分代表什麼意思。

朱立安‧巴吉尼
JULIAN BAGGINI

你以為你以為的就是你以為的嗎？
Do You Think What You Think You Think?

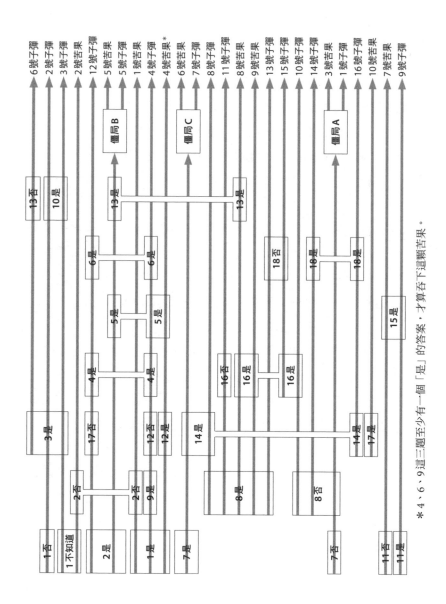

＊ 4、6、9 這三題至少有一個「是」的答案，才算各下這顆苦果。

0分　　恭喜你！只有不到10%的受試者能夠穿越戰場而毫髮無傷，你是思想一致性的模範。

1－3分　你的理智強而有力，其中些微不理性的部分只是顯示出你人性的一面。

4－5分　你的思想一致性優於一般人，但是就理性的觀點看來，仍稍嫌不足。

6－10分　你對神與宗教的觀念不夠清晰也不夠一致，不過，看起來似乎還有救！

11分以上　你根本沒有認真思考過這個主題，對吧？

僵局

僵局 A

你不認為人可以將對外在世界的觀念奠基在堅實的內在信念上，因而完全不理會這樣的信念有沒有外在的證據可支持。不過，雖然大多數科學家都認為，證據顯示演化論符合事實，也沒有證據能反駁演化論的真實性，你還是不相信演化論。當然，有許多神造論者聲稱，演化論的證據並不具有決定性，但是這樣的說法卻違反了科學的正統觀點。所以，你必須做出抉擇：（a）吞下苦果，主張有證據證明演化論不符事實，不管科學家怎麼說；（b）中彈，承認自己的信念有自相矛盾之處。

僵局 B

你認為能夠稱為神的個體，必然希望世上的苦難愈少愈好；

但是，你又認為神可以將我們現在認為罪惡的事物變成合乎道德，原本合乎道德的事物則轉為罪惡。照這樣說來，神可以把減少苦難變成一種罪惡……可是，你又說神一定希望世上的苦難愈少愈好。要跳脫這個僵局，只有吞下苦果才辦得到。你必須做出抉擇：（a）吞下苦果，主張神有可能希望從事罪惡的行為（再複述一次先前的論證：神一定希望世上的苦難愈少愈好；神可以把減少苦難變成一種罪惡；但是這麼一來，祂希望的事情（減少苦難）就是一種罪惡的行為）；（b）中彈，承認自己的信念有自相矛盾之處。

僵局C

你認為演化論基本上符合事實，但是你也認為，如果沒有確切無疑的證據可以證明神的存在，信奉神就是愚蠢的行為。問題是，雖然有大量證據顯示演化論應該符合事實，但這些證據卻都不是確切無疑。照這樣看來，你一方面要求，神的存在必須有確切無疑的證據加以證明，同時卻又在沒有確切證據的情況下，接受演化論的真實性。因此，你必須做出抉擇：（a）吞下苦果，主張神的存在比演化論需要更確切的證據加以證明；（b）中彈，承認自己的答案有自相矛盾之處。

交戰規則

這項測驗的目的是安然穿越理智的戰場,你在戰場上可能受到的傷害有兩種形式。

中彈表示你的答案帶有邏輯上的矛盾。在計分圖表上,我們已經仔細確認過,只有嚴格定義下的矛盾才算中彈;不過,我們還是要提出兩項聲明。

首先,由於你只能就事先寫好的陳述選擇答案,因此有些陳述雖然和你的信念相近,卻不完全相同。如果你在這種情況下中彈,問題可能是出在我們的陳述,而非你的信念。

在這項測驗的限制下,這樣的可能性確實難以避免。所以,請不要太過在意自己中彈,也不要因我們的題目迫使你做出不合意的選擇而感到沮喪。

如果你的答案所帶有的涵義顯得奇怪,或者讓人難以置信,你就必須吞下苦果。這個部分較有爭論空間,因為有些人覺得不尋常或古怪的想法,在其他人眼中可能一點也不奇怪。所以,如果我們的計分規則顯示你吞下了苦果,也請你不要太在意。也許是我們自己的世界觀扭曲了!

這項測驗在網路上開放了很長一段時間,曾經收到許多人來信指責我們的分析不正確,辱罵我們愚蠢或邪惡,甚至詛咒我們會因此下地獄。你的心中現在說不定也有同樣的想法。所以,在進入詳細解析之前,最好先說明一些常見的問題,以便釐清這項測驗背後的思考原則。

朱立安‧巴吉尼
JULIAN BAGGINI

你以為你以為的就是你以為的嗎？
Do You Think What You Think You Think?

我們經常聽到的一項抱怨，就是說這項測驗的目的是為難宗教信徒，事實上絕非如此。在26個中彈或吞下苦果的結果中，只有3個結果需要受試者對「神確實存在」回答「是」。

另一項常見的抱怨，就是認為我們以輕佻的態度將神比擬為尼斯湖水怪。這樣的想法其實是誤解，因為我們的重點根本不在於神，也不在於尼斯湖水怪，而是要確認什麼是相信事物的合理根據。

提到尼斯湖水怪的題目內容是：「如果經過多年的嘗試，還是找不到有力的證據或論證可證明尼斯湖水怪確實存在，因此相信水怪不存在就是理性的行為。」

若你同意這句陳述，就等於是不理會常言的說法，認為證據不存在等於不存在的證據。換句話說，你認為就算無法證明某件事物確實不存在，相信這件事物不存在也是合理的行為。事實上，這是所有人都常犯的錯誤：找不到某件事物存在的證據，經常就因此斷定這件事物不存在。

不過，這樣的看法卻與第15題的陳述相悖。第15題指出：「只要沒有足以令人信服的論證或證據可證明神不存在，無神論就只是一種信仰，而非理性思考的結果。」這句陳述的觀點恰好相反，認為缺乏證據不足以證明某件事物不存在；除非你能證明這件事物不存在，否則你認為這件事物不存在就只是一種非理性的信仰。按照這項原則，認為尼斯湖水怪不存在就只是一種信仰，而非理性思考的結果。

當然，你可能認為尼斯湖水怪和神是兩種截然不同的東西，

但是這與此處的探討重點無關。我們並不是說，反對神存在的論
證和反對尼斯湖水怪存在的論證一樣有力；我們的重點也不是要
在支持或反對神存在的論證之間做出孰優孰劣的評斷，而是要了
解這些論證的基本原則。結論顯示這類論證採用的原則並不一
致：無法確切指出神是否存在的可能性為何。

　　有些人引用艾爾文・普蘭丁格（Alvin Plantinga）與保羅・田
立克（Paul Tillich）等神學家或宗教哲學家的話語，指稱這些議題
可採用非常複雜的方式加以理解，從而避開計分圖表中的若干苦
果。也許沒錯，但我們只能說，這項測驗不是為高階神學家設計
的；有人花了數十年的時間研究這些議題，能夠提出非常聰明的
回答，當然是值得一提的事情。不過，如果你自己無法提出這樣
的答案，你的思考就確實不夠周全；如果你能提出這樣的答案，
當然再好不過。我們從沒說這項測驗就是這些議題的最終答案。

　　當然，我們還是有可能犯下明顯的邏輯錯誤，沒有注意到若
干消解矛盾的途徑；但是，在我們的經驗中，絕大多數抱怨都沒
有抓住重點。所以，我們敢大膽地說，如果你認為這項測驗犯了
明顯的錯誤，錯的人其實是你！

朱立安・巴吉尼
JULIAN BAGGINI

你以為你以為的就是你以為的嗎？
Do You Think What You Think You Think?

詳細解析

在這個段落，我們將解釋每個中彈或苦果的問題何在。你可以只挑自己中槍的部分來看，但是看看還有哪些陷阱，以及別人怎麼落入這些陷阱中，也可以帶來不少樂趣。

1號苦果

你怎麼能一面說神存在，一面又說神的概念不具有邏輯上的可能性？許多人都會認為，這應該算是直接中彈，因為一般都認為邏輯上不可能的事情一定不存在。不過，我們寧可說這種觀點只會逼人吞下一顆苦果，因為如果你真的認為邏輯上不可能的事情可以存在，你還能用什麼標準斷定世上任何事物的可能性？

2號苦果

你一方面說神的概念不具有邏輯上的可能性，同時又說自己不知道神是否存在，實在是頗為奇怪的說法。如果神在邏輯上是不可能的概念，神就必然不存在，而你就應該知道神不存在。有關這項推論背後的理由，請參閱1號苦果的說明內容。

3號苦果

若你不認為人可以將自己對外在世界的觀念奠基在堅實的內在信念上，而且完全不理會這些信念有沒有外在證據可資證明，那麼，既然絕大多數科學家都認為，證據顯示演化論是符合事實

的理論，也沒有證據能反駁演化論的真實性，你為什麼還是反對演化論？當然，許多神造論者聲稱，演化論的證據並不具有決定性，但是這樣的說法卻違反了科學的主流觀點。因此，你必須吞下的苦果，就是不管科學家的說法，主張有證據可證明演化論不符事實。每20名受試者中約有一人吞下這顆苦果。

1 號子彈

若是拒絕吞下3號苦果，寧可承認自己的信念存在著矛盾，就會被1號子彈擊中。只有大約2%的受試者中了這顆子彈。

2 號子彈

若是認為神不存在，而且認為只要神不存在，道德標準就沒有根據，就是認定道德標準沒有根據。這也就是說，若你同時也認為虐待無辜的人是違背道德的行為，你的判斷其實沒有根據，而你在理性上就不能評斷任何行為是否違反道德。當然，你可以說虐待無辜的人之所以錯誤，是源自非理性的原因，但是請記住，這項測驗的目的是探討信念是否合乎理性。因此，根據本測驗的規則，你已遭到一顆非常罕見的子彈擊中，只有不到1%的受試者中了這一彈。

3 號子彈

如果你說自己不知道神是否存在，又認為神不存在道德標準就沒有根據，而且還主張虐待無辜的人是違背道德的行為，你就

中了3號子彈。若你不知道神是否存在，根據你自己的說法，你應該也不知道道德標準究竟有沒有根據，這表示你在理性上沒有資格評斷任何行為是否違背道德：既然你認為神的存在與否和道德標準息息相關，你對自己的道德判斷就應該和對神的信念一樣抱持不可知論。只有大約1%的受試者中了這顆子彈。

4號子彈

　　若是主張神確實存在，而且神知道世上的苦難，不但希望減少苦難，也有能力做到這一點，那你認為人死於可怕而痛苦的疾病並不是為了某種較崇高的目的，就和先前的主張構成了矛盾。若不是為了更崇高的目的，神怎麼會允許這種病痛存在？既然神知道世間的苦難，也有意願和能力消除這樣的苦難，理當會阻止無意義的痛苦，除非這種痛苦是為了某種較崇高的目的。儘管如此，還是有大約二十分之一的受試者中了這顆子彈。

4號苦果

　　這項苦果會出現是因為許多人無法接受這一點：一位慈愛、無所不能且無所不知的神，竟然會創造出這樣的世界，讓人必須為了某種崇高目的而死於痛苦的疾病。這樣的陳述在邏輯上沒有矛盾，但有些人也許會覺得反感。如果有人罹患了極端痛苦的噬肉病，難道你真能直視這名病患的雙眼，對他說這樣的痛苦對他自己或世界有益？吞下這顆苦果的人數比例稍微高於二十分之一。

5號苦果

　　既然你認為，能夠稱為神的個體，必然希望世上的苦難愈少愈好，怎麼可以說神能將我們現在認為罪惡的事物變成合乎道德，原本合乎道德的事物則轉為罪惡？這等於是說，神可以將減少苦難變成一種罪惡……可是，這點又與神必然希望苦難愈少愈好的說法互相矛盾。

　　要跳脫這個矛盾，就必須承認神有可能希望從事罪惡的行為：祂一定希望減少苦難，但祂又能將減少苦難變成一種罪惡，於是祂希望的事情就成了一種罪惡的行為。約有8%的受試者願意吞下這顆苦果。

5號子彈

　　面對5號苦果，有些人會拒絕吞下苦果，選擇中彈。約有二十分之一的受試者中了這顆子彈。

6號子彈

　　如果你認為神是道德標準的根據，卻又認為神不能將罪惡與合乎道德的事物翻轉過來，就會遭到這顆子彈命中。問題在於，如果神是道德標準的根據，祂當然可以決定什麼是善，什麼是惡。不過，如果神不能翻轉善惡的定義，事物的善惡就必然不受神的決定所影響；換句話說，善的事物不是來自於神的認定，而是神將原本就是善的事物認定為善。然而，如果真是這樣，則不

論神存不存在，道德標準的根據還是存在。約有4%的受試者中了這顆子彈。

6號苦果

　　這是許多無神論者不得不吞下的苦果。你不能一方面聲稱演化論符合事實，另一方面卻又認為，如果沒有確切無疑的證據可證明神的存在，信奉神就是愚蠢的行為。問題是，雖然有大量證據顯示演化論應該符合事實，這些證據卻都不是確切無疑。你怎麼可以一方面要求神的存在必須有確切無疑的證據，卻又在沒有確切證據的情況下接受演化論的真實性？這時，你就必須吞下苦果，主張神的存在比演化論需要更確切的證據，但是這樣的主張顯然不太公平也不太合理。儘管如此，還是有超過10%的受試者吞下了這顆苦果。

7號子彈

　　這顆子彈命中了將近二十分之一的受試者，因為這些人不願吞下6號苦果，寧可承認自己的答案有矛盾之處。

8號子彈

　　如果你認為，人可以將自己對外在世界的觀念奠基在堅實的內在信念上，不論這些信念是否有外在證據可資證明；同時又認為，如果沒有確切無疑的證據可證明神的存在，信奉神就是愚蠢的行為，就會遭到這顆子彈命中。堅實的內在信念絕對不足以做

為確切無疑的證據,因為我們知道,很多人都對不真實的事物抱有堅實的內在信念。約有4%的受試者中了這顆子彈。

9號子彈

三分之一的受試者遭到這顆子彈命中且深感不滿!他們認為,如果經過多年的嘗試,還是找不到有力的證據或論證可證明尼斯湖水怪確實存在,因此相信水怪不存在就是理性的行為。不需有堅實的論證或證據證明尼斯湖水怪不存在,只要缺乏存在的證據就夠了;然而,他們卻又認為,無神論者必須對神的不存在提出有力的論證或證據,否則無神論就只是一種信仰,而非理性思考的結果。其中的矛盾在於,他們一方面認為,只要沒有證據或論證可以證明尼斯湖水怪存在,就可以合理認定水怪不存在;另一方面卻又認為,對神不能採取同樣的標準。

7號苦果

如果沒有足以令人信服的論證或證據可證明神不存在,你認為無神論就只是一種信仰,而不是理性思考的結果。因此,你認為沒有證據可以證明神的存在,並不是相信神不存在的正當理由。沒問題——不過,如果你也認為,不能因為經過多年的嘗試,還是找不到證據可證明尼斯湖水怪確實存在,就因此相信水怪不存在,那又如何呢?這樣的看法沒有邏輯上的矛盾,可是,若你認為在經過努力找尋還是找不到證據的情況下,仍然不能因此相信某件事物不存在,你就必須認同許多離奇古怪的可能性。舉例

來說，你真的認為，我們沒有正當理由可以相信火星上不存在有智慧的外星人嗎？這個雙否定句頗為拗口，卻非這麼寫不可。重點是，若你認為缺乏存在的證據不等於不存在，你在理性上就絕不可能相信任何事物不存在──不論是精靈、仙女，還是無憂無慮的青少年─除非你能確切證明這種事物不存在。將近三分之一的受試者都不得不吞下這顆苦果。

10 號子彈

　　許多人認為，人不可以將自己對外在世界的觀念奠基在堅實的內在信念上，完全不理會這些信念有沒有外在證據可資證明。然而，若是抱持這種觀點，就不能主張強暴犯薩特克里夫有正當理由相信，自己的行為是在執行神的旨意，因為他這種想法就是完全植基於自己的內在信念，不理會外在證據。理智狙擊手在這一點的命中率極高，每 10 人就有一人中彈。

11 號子彈

　　如果你看過 10 號子彈的解析內容，可能會覺得應該沒有太多人會落入那個陷阱；不過，有更多人（約四分之一）就是因為稍微不同的選擇，因而中了 11 號子彈。他們認為，人可以將自己對外在世界的觀念奠基在堅實的內在信念上，不論這些信念有沒有外在證據的證明；不過，同時他們卻又認為，強暴犯薩特克里夫不能這麼做。薩特克里夫的案例顯示出，一般人其實不認為任何想法都能直接以自己的信念為準；這麼一來，他們就必須修

正自己的觀點。理智狙擊手再次命中目標！

8號苦果

　　如果你確實認為，人可以將自己對外在世界的觀念奠基在堅實的內在信念上，不論這些信念有沒有外在證據可資證明，就必須認同別人也可以將可怕的罪行視為正確的行為。在這方面，將近十分之一受試者都能謹守前後一致的原則，認為薩特克里夫有正當理由相信，自己姦殺妓女的確是在執行神的旨意。不過，若是同時認為神可以決定何謂善惡，又該怎麼辦呢？為了不自相矛盾，你一定認為，薩特克里夫有正當理由相信自己的行為合乎道德，因為他確實真心相信自己是在執行神的旨意，而神的旨意必然合乎道德。你說薩特克里夫有正當理由相信自己的行為合乎道德，當然不等於你認為他有正當理由做出這樣的行為；然而，要怎麼辯稱前者不會導致後者呢？更何況，前者就已經夠讓人難以接受了。

9號苦果

　　這顆苦果和8號苦果頗為類似。如果你認為人可以將自己對外在世界的觀念奠基在堅實的內在信念上，不管這些信念有沒有外在證據可資證明，就必須吞下這顆苦果。這種看法表示，人也可以相信神可能要求我們做出可怕的事情。許多宗教信徒都願意接受這一點。舉例而言，齊克果認為，亞伯拉罕就是願意違背既有的道德標準，奉行神的旨意，因而差點殺了自己的兒子向神獻

祭，藉此顯示他的行為是一項至高無上的信仰之舉；不過，正如齊克果同時強調的，這項行為也因此無法從理性觀點加以理解。大多數人都較為認同合乎理性的選項，也就是這種行為不能僅以內在信念為準；不過，你卻揚棄這種理性的觀點，選擇和其他8%的受試者一起吞下這顆苦果。

12號子彈

如果你認為，能夠稱為神的個體，必然有為所欲為的絕對自由與能力，大概就躲不掉成為活靶的命運，因為我們並沒有對「為所欲為」加上任何範圍限制。所以，若你後來又說，神無法做出不可能的事情，例如創造出正方形的圓形，神顯然就沒有絕對的自由與能力做出不可能的事情。如此一來，你就必須承認神的自由與能力並非毫無限制──這正是大多數神學家的看法，卻和你先前的答案互相矛盾──神的自由與能力不是真的什麼事都做得到。約有10%的受試者遭到這顆子彈命中，也許為此懊惱不已；不過，我們可是早就警告過你要仔細看清題目內容！

10號苦果

這是唯一只要同意一項陳述就必須吞下的苦果。若你認為神有絕對的自由與能力做出邏輯上不可能的事情，例如創造出正方形的圓形，你的意思就是說，所有關於神與終極真實的討論，都無法受到理性基本原則的規制。這麼一來，理性討論神就成了不可能的事情；如果真是這樣，我們對神就無法有任何理性的主

張，對於我們信神或不信神的態度也無法有任何理性解釋。若你認為宗教論述不受理性的規制，就表示你同意宗教信念——包括你自己的宗教信念——完全無法被辯論或理性探討，只好吞下這顆苦果。令人意外的是，超過4成的受試者吞下了這顆苦果，可能是一般人都很容易犯下一項簡單的錯誤：他們認為，這項題目表示神可以自由改變圓形與正方形的定義，從而創造出正方形的圓形。不過，這並不是題目陳述的那種邏輯上不可能的事；所謂邏輯上不可能的事，是指造出正方形的圓形：正方形有4個邊，圓形只有一個邊。這個題目探討的重點並不是神變更事物定義的能力。

13號子彈

這是一項顯而易見的矛盾。如果你認為，人可以將自己對外在世界的觀念奠基在堅實的內在信念上，不管這些信念有沒有外在證據可資證明，就不能反對別人以這樣的信念為信奉神的基礎。儘管如此，還是有4%的受試者避不開這顆子彈。

14號子彈

這顆子彈代表的矛盾現象和13號子彈一樣顯而易見，但是矛盾的原因剛好相反。如果你認為，不能將自己對外在世界的觀念奠基在堅實的內在信念上，不管這些信念有沒有外在證據可資證明，就不能說人可以只根據這樣的信念而信奉神。不過，還是有五分之一的受試者抱持這樣的看法。

朱立安‧巴吉尼
JULIAN BAGGINI

你以為你以為的就是你以為的嗎？
Do You Think What You Think You Think?

15號子彈

你可能想不到竟然會有人遭到這顆子彈命中，可是，確實有5%的受試者落入這個陷阱。他們認為，人不能僅以內心的信念為信神的基礎，卻又認為薩特克里夫可以僅依自己的信念，相信自己是在執行神的旨意。內心信念若是足以讓強暴犯當成犯罪理由，為何不能讓宗教信徒引為信神的原因呢？這樣的觀點顯然自相矛盾。

16號子彈

不到3%的受試者同時對第14題與第18題的陳述表示認同，也就是一方面認為，如果沒有確切無疑的證據可證明神的存在，信奉神就是愚蠢的行為；另一方面卻又認為，只要自己內心堅信神確實存在，就能完全不理會外在證據而合理保有對神的信奉。不過，堅實的內在信念絕對不足以做為確切無疑的證據，因為許多人常常對實際上錯誤的事情抱有堅實的內在信念（例如，一般人經常事先認定嫌犯有罪或無罪，結果才發現不是那麼一回事）。根據第一個觀點，第二個觀點顯然愚蠢得很！

終極思考

在本書的所有測驗中，「信仰殺戮戰場」最是熱門，卻也最具爭議性，一般人顯然不喜歡自己對神與宗教的觀點受到質疑；但我們也發現，不少睿智且深具反思能力的宗教信徒對這項測

驗大表肯定。例如，猶太教拉比茱利亞‧紐伯嘉（Julia Neuberger）
在BBC國際台上和本書作者談到這項測驗時，就談得興高采烈。
此外，許多哲學教師和教授也都把這項測驗當成學生的功課。

極具啟發性的一點是，最支持這項測驗的人也最清楚其中的
限制何在。他們知道這項測驗提出許多深層的議題，而不僅僅是
一堆簡單的是非題。我們認為，他們之所以重視這項測驗，是因
為他們了解，這項測驗鼓勵人們理性反思信仰的議題，並且揭露
出許多非常基本卻又經常遭人忽略的理智難題。

不過，那些寫電子郵件來罵我們無聊、愚蠢、乃至邪惡的人，
似乎對理性檢驗毫無興趣，對此我們感到頗為沮喪。最堅決認為
信仰不可動搖的人，為什麼總是將初階的哲學或宗教思考視為一
大威脅呢？只有信仰基礎淺薄的人，才會認為「信仰殺戮戰場」
是一項嚴厲的挑戰；不過，這樣的人恐怕比我們想像的還多。

第 **6** 關

挑戰禁忌
Taboo

「把道德觀聚焦在禁忌的行為上，不但是對想像力的褻瀆，也是在我們對他人的評判中注入一種祕密的興致。」

——羅伯特・史蒂文森（Robert Lewis Stevenson）

禁忌是舉世皆有的現象，每個社會都會將若干形式的行為視為罪無可逭，只要有人膽敢涉及這樣的行為，就可能遭受譴責、排擠、甚至處死。例如，近親通姦的禁忌就存在於人類所有文化中，而且在西方世界幾乎都是違法的行為。也許你認為這樣的禁忌必然有其道理，譬如近親通姦產下的後代出現遺傳疾病的機率較高。

不過，並非所有的禁忌都有如此充分的理由，有些宗教禁忌就令人難以理解，例如穆斯林禁吃豬肉的教規。這種禁忌也有理性的基礎嗎？許多穆斯林確實都認為吃豬肉是錯誤的行為，可是

這樣的觀念有充分的理由嗎？而西方人認為絕對不可違反的若干禁忌又怎麼說呢？譬如西方人認為，14歲以下的兒童絕不能和成人發生性關係，這樣的禁忌都有人人皆知的合理原因嗎？還是我們認為，某些行為不可接受只是因為直覺上厭惡？

檢驗你的禁忌

等一下會請你針對4種禁忌情境做出回應。你必須把題目中描述的情景當成實際上發生的事情，然後提出回應。換句話說，我們想知道的是，你對題目中描述的情境有什麼看法，而不是你認為這些情境在現實世界裡會怎麼發生。

這項測驗的題目都是是非題。如果你難以確定應該回答「是」或「非」，請看你的態度較偏向哪一方，就選擇那個答案。現在，你應該可以開始作答了。每個情境後面都有一個表格，內含兩個問題以及這兩個問題的個別答案，請勾選你認同的答案。

情境1

　　一名老婦人身患重病，臨死前在病床上要求兒子答應，以後至少每週探望她的墳墓一次。兒子不想讓母親失望，於是當場答應了這項要求；不過，他在母親死後卻沒有遵守自己的承諾，因為他實在太忙了。他沒有向別人透露自己曾做過這樣的承諾，也從不曾因自己說話不算話而感到內疚。

A	你對這個兒子違背承諾的行為有什麼看法？	這種行為是錯的	這種行為沒什麼不對
B	假設有兩個國家：在其中一個國家，兒子在母親死後通常不會遵守對母親的承諾；另一個國家的風俗，則是兒子通常會遵守對母親的諾言。就道德上而言，這兩種風俗都沒問題嗎？還是其中一種風俗算是違反道德？	兩種風俗都沒問題	其中一種風俗違反道德

情境2

一家人養的貓在家門前被汽車撞死了。這家人聽說貓肉非常美味，於是把貓的屍體剁一剁，煮成晚餐吃了。直到現在為止，他們從不曾反悔過吃貓肉的舉動，也沒有因為吃了那隻貓而遭受任何不良後果。

A	你對這家人吃掉寵物貓的行為有什麼看法？	這種行為是錯的	這種行為沒什麼不對
B	假設有兩個國家：一個國家的人民通常會把車禍死亡的寵物煮來吃，另一個國家的人民不會這麼做。就道德上而言，這兩種風俗都沒問題嗎？還是其中一種風俗算是違反道德？	兩種風俗都沒問題	其中一種風俗違反道德

情境 3

　　莎拉和彼德是兄妹，兩人一同出外旅遊。一天晚上，他們單獨睡在海灘上的帳篷裡，兩人彼此都產生了肉體上的欲望。他們的年齡都超過 21 歲，也知道莎拉因為身體因素而無法受孕，於是在當晚發生了性關係。他們決定以後不再這麼做，但是從來不曾後悔那一夜的行為。事實上，對他們兩人來說，那一夜的經驗是一項甜美的回憶，而且至今也一直只是兩人之間的祕密。

A	你對莎拉和彼德的行為有什麼看法？	這種行為是錯的	這種行為沒什麼不對
B	假設有兩個國家：在其中一個國家，只要妹妹不孕，兄妹之間即可自由發生性關係；另一個國家則絕對不會有兄妹上床的事情發生。就道德上而言，這兩種風俗都沒問題嗎？還是其中一種風俗算是違反道德？	兩種風俗都沒問題	其中一種風俗違反道德

朱立安·巴吉尼
JULIAN BAGGINI

你以為你以為的就是你以為的嗎？
Do You Think What You Think You Think?

情境4

　　有一個人每週都會到鄰近的超市購買一隻冷凍的全雞。不過，他把雞買回家之後，都會先和這隻雞性交，然後再煮來吃掉。他從來不向別人透露自己的行為，也從不後悔這麼做，而且也沒有因此導致什麼不良後果。他在社區裡仍然備受敬重。

A	你對這個人的行為有什麼看法（假設吃肉沒有道德上的問題）？	這種行為是錯的	這種行為沒什麼不對
B	假設有兩個國家：一個國家的人民通常會暗中和死雞性交，另一個國家的人民在正常情況下絕不會這麼做。就道德上而言，這兩種風俗都沒問題嗎？還是其中一種風俗算是違反道德？	兩種風俗都沒問題	其中一種風俗違反道德

計分

這項測驗的計分方式不難，但還是需要遵循幾個步驟。請仔細閱讀以下的說明。

1　在每一個情境中，第1個問題的答案若是「這種行為是錯的」，請在下列表格A部分的欄位裡打勾。第2個問題的答案若是「其中一種風俗違反道德」，也請在B部分的欄位裡打勾。

	A＝行為是錯的	B＝其中一種風俗違反道德
情境1		
情境2		
情境3		
情境4		
總分		

2　請加總A欄的打勾次數，寫在該欄的「總分」空格內。

3　在同一個情境中，如果A、B兩個欄位都打勾，這個B欄位中打的勾才計入B欄的總分。所以，如果你在某一個情境的B欄打了勾，但是A欄沒有打勾，就不計入B欄的總分。

朱立安‧巴吉尼
JULIAN BAGGINI

你以為你以為的就是你以為的嗎？
Do You Think What You Think You Think?

現在，你必須把A、B兩欄的總分轉為商數。

4　A欄的總分就是你的「道德商數」，請將分數寫在以下的表
　　格裡。

5　B欄的總分若是零，A欄的總分在1以上，你的「普世因數」
　　就是零。請將這個數字寫在以下的表格裡。

6　A欄的總分若是零，不論B欄的總分多少，你的「普世因數」
　　都是-1。

7　如果你的得分不符合以上5、6兩點的狀況，那麼，B欄總分
　　除以A欄總分所得到的數字，就是你的「普世因數」。請將
　　這個數字寫在以下的表格裡。

	你的分數
道德商數	
普世因數	

分數所代表的意義

你的道德商數表示你譴責這4種情境的強度。4分代表「完全道德」的立場，也就是你認為這4種情境的行為都是錯誤的。零分代表「完全放任」的立場，也就是你都不認為這4種情境的行為有錯。因此，你的分數愈接近4分，就代表你的道德立場愈強烈；愈接近零分，就表示你的態度愈放任。在《哲學家雜誌》網站上接受過這項測驗的數萬名受試者中，平均道德商數是1.5。

你的普世因數表示你從普世觀點判斷道德問題的傾向。1分代表「完全普世化」的立場，也就是說，你認為行為的對錯與文化規範及社會習俗無關。零分代表「完全相對性」的立場，也就是說，你認為行為對錯必須依社會規範而定。因此，某一個文化認為是錯誤的行為，在另一個文化中很可能不是如此。-1分代表你都不覺得這4種情境中的行為有錯，因此無法判斷你從普世觀點判斷道德問題的態度。

這兩項分數可以讓你知道，自己是高度道德還是寬容放任。如果你不是完全放任，也可以了解自己較傾向普世一致還是相對性的標準。

解析

這項測驗有什麼好處？我們為何會對這種道德判斷感興趣呢？

大多數人可能都認為，自己可以對自身的道德判斷提出充分理由。舉例而言，如果有一個年長的女孩從鞦韆上把一個年幼的男孩推開，而有人問我們這樣的行為錯在哪裡，我們可能會說是小男孩的權利遭到侵犯，或是小男孩遭到肢體暴力的傷害。雖然這樣的解釋不太禁得起進一步的檢驗，可是，至少我們還能為自己的道德判斷提出表面上看來充分的理由。

不過，有一類行為卻會讓人較難提出道德判斷的理由。這類行為的特性是無害（至少就狹義而言）、私密，而且施受雙方合意，但是卻違反重大的社會規範。這項測驗描述的情境就是關於死亡、食物，以及性行為的禁忌與禮儀。

有些人一定會認為，我們設計這項測驗，只是為了指出和冷凍全雞性交不一定是錯誤的行為。實際上並非如此，因為你至少可以設法提出論述，證明這種行為錯在哪裡。舉例而言，你可以說人是神的造物，因此，人的性能力是神賜予的天賦，只能在一男一女結合的情境中享受性的美好；至於雞，不論是不是冷凍的死雞，都不該是人類性交的對象。在這種論述下，與冷凍全雞性交就是濫用性能力的天賦，必然傷及人與神的關係，由此可證與雞性交是違反道德的行為。

我們的目的，並不是要證明禁忌的道德原則找不到合理的解

釋，而是要指出人對道德問題的思考方式存在著緊張關係，其中一種緊張關係是傷害的概念在許多道德架構中的中心地位。先前的研究顯示，除了兄妹的情境之外，大多數人都認為，其他3種情境中的行為對行為人本身或其他人都無害；但儘管如此，還是有許多人認為這些情境中的行為違反道德。

這裡的關鍵問題是：完全私密且對自己和別人都無害的行為也有可能違反道德嗎？只要以這種直截了當的方式加以敘述，許多人都會傾向於否定的答案；然而，一旦這些人面對「禁忌」測驗中的情境，卻又經常認為其中描述的行為違反道德，儘管這些行為完全沒有對任何人造成傷害。這種現象明顯互相矛盾，我們有可能化解這樣的矛盾嗎？

有一種方法是，指稱這些情境中描述的行為雖然表面上看起來無害，實際上卻不是如此。測驗裡的情境原本就是刻意設計的，其中的行為不但完全無害，也絕對私密。不過，你也許無法接受這樣的條件，因而認為這類行為一定會造成傷害，至少也會損及行為人本身的道德品行。

不過，也有可能是在你直覺認定測驗情境中的行為違反道德之後，才找出這種信念來合理化自己這種觀感的理由。換句話說，一般人就是不喜歡近親通姦以及和雞肉性交的行為，而且非常善於製造理由，以解釋自己為何不喜歡這種行為；不過，這些「解釋」其實完全沒有意義。一般人的負面反應經常是情緒化的，我們早就知道，一般人會採用這種事後回溯的方式，解釋自己對禁忌刺激的反應。我們也知道，對這類行為採取道德觀點的人，

朱立安・巴吉尼
JULIAN BAGGINI

你以為你以為的就是你以為的嗎？
Do You Think What You Think You Think?

與其問他們這類行為是否有害，倒不如直接問他們是否願意看見這些行為發生，反而更容易看出他們的態度。因此我們懷疑，有關行為可能造成傷害的判斷，常常只是用來支持自己基本的道德觀。

有些人則是主張，即便是完全私密且完全無害的行為，仍然有可能是錯誤的行為；不過，這種論證仍然有難以解決的問題。舉例而言，你當然可以聲稱，兄弟姐妹之間發生性關係違反了神對人的性能力所訂定的規範，但是要證明違反這種規範有什麼「錯」，通常必須提到傷害的概念（當然，你也可以單純主張，只要違反規定就是錯誤的）。因此，基督教神學就認為人的罪行會對自己造成傷害，因為罪惡會對人與神的關係構成阻礙。

有些哲學家甚至認為，以特定方式所理解的「傷害」概念，是適切道德思考的前提要件。例如，創立古典功利主義的邊沁就認為，快樂和痛苦（正面的傷害）是唯一適切的價值衡量標準；按照他的說法，錯誤的行為就是增加痛苦的行為（或者是，在各種具備同等可能性的選擇中，會產生最少快樂的選項）。自邊沁的時代以來，雖然功利主義早已經過許多演變，今天仍然有些哲學家認為，道德哲學的核心考量就是行為的後果；只有導致不良後果的行為，才能算是錯誤的行為。

「噁心因素」

先前的研究探究了受試者對這4種情境的反應，結果發現一個引人注意的現象：對於這些情境產生強烈情感反應的人，通常

很難為自己的感受提出解釋或正當理由。根據心理學家史迪芬·平克（Steve Pinker）的說法，這是因為與其說我們的道德信念是源自理性，不如說是源自我們心智的演化結構中。他曾經這麼寫道：「人的直覺感受會讓自己產生強烈的道德信念，而且會在事後設法為這種信念賦予合理的解釋。這些信念可能和一般的道德判斷無關，無法從增加或減少快樂的角度加以辯護。實際上，這種信念是源自一種神經生物與演化結構，我們稱之為道德情感。」

　　將道德態度植基於情感上的危險顯而易見，這表示我們可能因為「噁心因素」而在毫無理由的情況下譴責某些行為──甚至某些人──印度種姓制度下的賤民就是一個例子。儘管歧視賤民的行為已經大多被法律禁止，但實際上，許多賤民還是不准碰觸較高階級的人，也不准和較高階級的人飲用同一口井的水，在公共場合也必須和別人保持距離。有些地區的居民甚至認為，只要接觸到賤民的影子，就是受到了汙染，必須接受淨化儀式。從直覺的情緒來看，這種禁忌也許沒什麼不對，卻很可能無法通過理性的檢視。

　　不過，我們也不能輕易假設情感在道德思考中完全沒有地位；事實上，有些哲學家甚至認為道德判斷根本完全是情感的產物。例如艾爾（A. J. Ayer）曾說，道德陳述只是情感態度的表達，他認為道德陳述不可能具有事實上的真實性。「殺人是錯的」這句陳述沒有真或偽的問題，其功用較像是感嘆詞：「殺人──不行！」

　　就算我們不接受這種極端的「道德情感論」，還是很容易可

以看出，情感在良好的道德思考中確實能夠扮演一定的角色。舉例而言，在適切的道德觀裡，移情顯然是個很重要的成分；當初納粹黨人若是能對猶太人的遭遇感同身受，實在很難想像他們還能如此大規模屠殺猶太人。哲學家喬納森・葛樂弗（Jonathan Glover）也曾指出，上個世紀的許多殘酷暴行之所以會發生，就是道德情感遭到忽略的結果。

　　儘管如此，純粹植基於「噁心因素」的道德判斷還是不足以讓人完全信任。平克在《空白的石板》（*The Blank Slate*）中寫道：「可辯護的道德立場與直覺感受的差別，就在於我們能為前者提出理由，證明自己的信念為何正當。」

終極思考

　　提倡哲學自我檢視的一大困難，就是許多人總是會抓錯重點。你質問一個人相信神存在的理由是什麼，他就以為你是要說服他神不存在。你追問人類理性思考的能力，對方很可能以為你在罵他笨。你質疑禁忌的理性基礎，別人就以為你的用意是推翻所有的禁忌，鼓吹亂倫、戀童、褻瀆墳墓等各種行為。

　　若你絕不認為難以想像的事情有時也可能是對的，思考這些事情就毫無意義。因此，你確實必須放開心胸，承認有些禁忌或許有害無益；想要質疑社會現狀，卻絕對不許社會現狀被改變，這種質疑就只是一種空洞的姿態。不過，真正的重點是必須放開心胸，容忍自己厭惡的事物，因為若不這麼做，偏見就會阻擋我們找尋適當的解釋理由。

維根斯坦曾說，哲學讓世界保持原狀。這句話和他的其他話語一樣隱晦難懂，但他的意思似乎是說，深入探究人類想法與價值觀的主要目的，並不是要改變這些思想，而是要獲得了解。

第 **7** 關

道德情境劇場
Morality Play

「天堂與地獄代表了兩種截然不同的人類面向，一種是善，一種是惡；但絕大多數人都是介於惡與善的兩極之間。」
——大衛・休謨（David Hume）

不論羅馬天主教有什麼缺點，至少在某一點是完全正確的：一旦覺得自己受到道德評斷，就會深感不自在、內疚、甚至害怕。天主教強調告解的重要性，因而得以在情感上緊緊抓住信眾。

不過，在這項測驗裡，你不必擔心遭到評判——至少可以暫時放下心。「道德情境劇場」的目的不在測試你的道德勇氣，而是要揭露你的道德思考架構，讓這個平常備受忽略的思考面向獲得應有的注意。更讓人慶幸的是，不論你的思考架構是什麼模樣，我們都無法判斷究竟是好是壞。所以，請大膽接受以下的測驗，不必擔心自己受到評判……

了解自己的架構

　　以下有19個不同的情境，在每個情境中，你都必須判斷怎麼做才算是合乎道德的行為。切記，你的回答完全沒有所謂的對或錯。

　　同時，你應該以你認為合乎道德的行為作答（不一定是你實際上會做出的行為）。

　　其中有些題目的內容與「道德義務」有關。在這項測驗中，所謂的道德義務，是指為了合乎道德要求而不能不做的事情。道德義務「強烈」，表示如果不做該做的行為，就會犯下嚴重的惡行；道德義務「薄弱」，表示如果不做該做的行為，雖然也算惡行，但不是太嚴重。舉例而言，傳統道德觀認為，不得虐待無辜者是一種強烈的道德義務；然而，得到別人幫忙要說謝謝，則只是一種薄弱的道德義務。

　　最後，請記得仔細閱讀每個題目。有些題目的內容頗為相似，但可不要因此就不加思索地作答！每一題的情境都必須思考之後再選擇答案。

題目

1　你走在街上時，剛好看到一個急需幫助的人，而且幫助他也不需要付出什麼代價。請問你有沒有幫助他的道德義務？

　　a. 強烈義務

b. 薄弱義務

c. 沒有義務

2　你有一個弟弟。你知道有一個人因為你弟弟的犯罪行為而受了重傷，而你居住地的警察大體上都正直不阿。請問你有沒有道德義務向警方告知你弟弟的罪行？

a. 強烈義務

b. 薄弱義務

c. 沒有義務

3　如果有人想自殺，而且請求別人幫助，那麼，幫助這個人自殺，和不提供他醫療救治任由他死亡（假設他在這兩種情況下所受的苦都相同），在你心中的道德評價是否相同？

a. 是

b. 否

4　你有能力幫助某些人，可是，這麼做卻會對別人造成傷害，而受到傷害的人數通常是得到幫助的人數的10%。在你考量幫助他人的時候，其中涉及的實際人數會不會影響你的道德判斷？舉例而言，幫助10個人而傷害一個人，和幫助10萬人而傷害一萬人，在你看來是否有差別？

a. 是

b. 否

5　你有一棟閒置的房屋。這時，剛好一個難民團體和你取得聯繫，表示有一名外國人遭到該國政府迫害，急需找尋藏身處所，希望你能幫忙。你的幫助行為絕對不會曝光，而且你也完全可以確信自己的房屋不會因此受到損害。請問你有沒有道德義務允許這個難民團體使用你的房屋？

a. 強烈義務

b. 薄弱義務

c. 沒有義務

6　你的公司舉辦了一場慈善募款活動，每募得 500 元，就能讓一名盲人恢復視力；不過，你沒有捐出 500 元，卻在下班後拿這筆錢去喝了一杯雞尾酒。原本應該有一個盲人因這筆錢而恢復視力，請問你對這個人無法恢復視力是否負有道德上的責任？

a. 有責任

b. 只有部分責任

c. 沒有責任

7 一個你從未見過面的陌生人需要移植腎臟，你是極少數能捐贈腎臟給他的候選人之一。這個人若是你的親戚，你捐贈腎臟給他的道德義務會不會比較強烈？

    a. 會
    b. 不會

8 只要你取消100場手術，就能救回一千名病患的性命，但原本那100場手術的病患將因此死亡，請問你有沒有道德義務取消那100場手術？

    a. 有
    b. 沒有

9 你對自己國家或社區的成員所負有的道德義務，是否高過對其他國家或社區成員的義務（假設狀況相同，例如你自己和其他國家或社區都一樣有人遭受飢荒之苦）？

    a. 是
    b. 否

10 你故意破壞工作場所的一部機器，下一個使用這部機器的人就會因此發生斷腿的意外。請問你對這個人受到的傷害是否

朱立安・巴吉尼
JULIAN BAGGINI

你以為你以為的就是你以為的嗎？
Do You Think What You Think You Think?

負有道德責任？

a. 有責任
b. 只有部分責任
c. 沒有責任

11 有一個人犯下嚴重的罪行，導致另一個人遭受重傷。你知道
這名罪犯的身分，請問你有沒有道德義務把這個人的身分告
知有關當局，以伸張正義？

a. 強烈義務
b. 薄弱義務
c. 沒有義務

12 只要你殺害一名無辜者，就能拯救另外10名無辜者的性命。
請問你有沒有這麼做的道德義務？

a. 有
b. 沒有

13 你在報紙上看到慈善廣告，得知地球的另一端有一個人急需
幫忙。你有能力幫助這個人，而且又不需付出什麼代價，請
問你有沒有幫助他的道德義務？

a. 強烈義務

b. 薄弱義務

c. 沒有義務

14 你必須送禮給一個人，於是買了一瓶飲料送他，但是你卻發現這瓶飲料有毒，喝了會導致失明。要換另一瓶沒有毒的飲料，就必須多花500元，結果你還是送了這瓶有毒的飲料給他。如果這個人喝了飲料而失明，請問你是否負有道德上的責任？

a. 有責任

b. 只有部分責任

c. 沒有責任

15 你遇到一個意外狀況，可以選擇救自己的孩子，或是連絡急救中心救回其他10名兒童的性命。你只能二選一，而且，救了一方，另一方就會喪命。請問，在道德義務上，你應該選擇救哪一方？

a. 救自己的孩子

b. 救其他10名兒童

16 只要你取消一場手術，就能救回10名病患的性命，但是原

朱立安・巴吉尼
JULIAN BAGGINI

你以為你以為的就是你以為的嗎？
Do You Think What You Think You Think?

本那場手術的病患將會因而死亡。請問你有沒有道德義務取消這場手術？

a. 有
b. 沒有

17　你有一棟閒置的房屋。這時，剛好一個福利機構和你取得聯繫，表示鄰近的城鎮有一個居民遭到迫害，急需找尋藏身處所，希望你能幫忙。你的幫助行為絕對不會曝光，而且你也完全可以確信自己的房屋不會因此受到損害。請問你有沒有道德義務允許這個福利機構使用你的房屋？

a. 強烈義務
b. 薄弱義務
c. 沒有義務

18　你發現工作場所有一部機器故障，如果不修好，可能會導致操作者發生斷腿意外。雖然你知道只有你一個人發現這個狀況，但是並沒有採取行動。不久之後確實發生了意外，也有人因此喪失了雙腿，請問你對這個人受到的傷害是否負有道德責任？

a. 有責任

b. 只有部分責任

c. 沒有責任

19 只要你殺害10萬名無辜的人，就能拯救另外100萬人的性命。你有沒有這麼做的道德義務？

a. 有

b. 沒有

如何計分

　　這項測驗的計分方式看起來好像有點複雜，但是其實很簡單，只要按照步驟仔細做就行了。要分析你的答案，必須先算出分數，再把分數寫在下一頁的表格裡。再提醒一次，由於答案沒有對錯之分，因此高分並不表示比低分好。

1　在表格裡顯示互相配對的題目中（例如第1題和第13題），你愈能看出兩者之間的相似性，得分就愈高。
　　・ 只要兩個題目的答案一樣，不論答案是什麼，都得到10分。
　　・ 如果兩個題目各有3個選項，而你的答案不是相鄰的字母（例如，一題答a，一題答c），就得零分；如果是相鄰的字母（例如，兩題的答案分別為a和b或b和c），就得5分。
　　・ 如果兩個題目各有兩個選項，兩題答案不同就是得到零分。

2　表格裡沒有配對的單一題目依照下列方式計分：
　　第3題　　　　　　　　a＝10，b＝0
　　第4、7、9、15題　　　a＝0，b＝10

3　將「地理距離」、「親屬關係」、「積極消極」以及「規模大小」這4個表格的分數依序加總，寫在「小計」欄位中。

4　將4個表格的小計加總為總分。

地理距離	分數
第1、13題	
第9題	
第17、5題	
小計	

積極消極	分數
第14、6題	
第3題	
第18、10題	
小計	

親屬關係	分數
第15題	
第2、11題	
第7題	
小計	

規模大小	分數
第12、19題	
第16、8題	
第4題	
小計	

總分	

你的道德架構

你的分數愈高，代表你的道德架構愈嚴苛。這是什麼意思？這是我們自己發明的說法，不過，其中的基本概念並沒有什麼新奇之處。

道德架構可以有嚴苛與不嚴苛之分。不嚴苛的道德架構會依照情況運用不同的判斷原則，嚴苛的道德架構則是對各種情況都採用同樣的幾項判斷原則。

舉例說明可能會比較清楚。假如我們堅信減少痛苦是一種善，要檢驗我們的道德嚴苛性，就必須觀察我們面對各種不同狀況的時候，是否都不會修改這項原則或是附上條件。如果情況一樣，判斷原則卻因受苦的人來自國內或國外而有所不同，就表示道德嚴苛性低，因為「減少痛苦」這項原則還受到距離遠近的條件影響。稍後進入詳細解析之後，道德嚴苛性的概念應該會顯得更加清楚。

你的分數愈高，代表你的道德架構愈嚴苛；換句話說，高分表示對於各種不同狀況，你都只運用同樣的少數幾項判斷原則，而且不會有修改條件或例外。我們認為總分90分以上（滿分120分）就表示道德架構嚴苛，60分以下表示道德架構非常不嚴苛。這項測驗在網路上的受試者平均分數為78分，不是特別嚴苛。

我們並不評判道德嚴苛性是好是壞。有些人認為，就整體而言，道德嚴苛性是好事，因此一般人應該設法減少自己道德架構中的道德原則。這種觀點認為，道德嚴苛性代表道德一致性，而

道德一致性則是一般公認的美德。

不過，有些人認為，道德嚴苛性會使得道德架構過於簡化，過度嚴苛的道德架構更會讓我們無法因應複雜的真實狀況。反對道德嚴苛性的說法認為這種人過於僵化，有如罹患道德上的自閉症。

不過，這項測驗不只是揭露你的道德嚴苛程度，其中還有一些更有趣的細部分類。

深入探索

若你不具備完全的道德嚴苛性，那是什麼原因導致你改變自己的道德原則呢？這項測驗中的題目都經過特別設計，各自含有4種可能影響道德判斷的差異因素。

地理距離

這個類別顯示地理距離對道德原則的影響。這裡要探求的是，同樣的狀況若是發生在距離作答者遠近不同的地區，作答者的道德判斷會不會因此出現改變。

雖然我們說過不會評判你的回答，但我們必須承認，大多數道德理論都認為，地理差異不該對道德判斷造成影響。不過，實際上卻沒有這麼簡單，因為許多人都認為，對於自己社區內的成員負有較強烈的道德義務。因此，地理距離也可以視為社區差異的替代概念。

這個類別的題目滿分為30分，線上受試者的平均分數是

26.4分，道德嚴苛性在4個類別中高居第一。你的分數是多少呢？

　　我們在網路上還耍了一個小小的把戲。由於網站的訪客大多來自北美洲與英國，因此我們改變了一個題目的內容：半數受試者看到的題目內容是，有沒有義務幫助印度人民；半數受試者看到的則是，有沒有義務幫助澳洲人民。這麼做的重點是，大多數受試者都是盎格魯撒克遜白人，和澳洲人一樣，但是與印度人不同。這一點會不會造成差別？令人寬慰的是，看來似乎沒有。認為有義務幫助澳洲人的受試者，只比認為應該幫助印度人的多出1%。由於受試者人數眾多，這樣的差別仍然具有統計上的顯著性——也就是說，可能代表了真實存在的差異，不只是在誤差界線中。不過，1%畢竟是個很小的數目，這至少顯示，絕大多數人的道德判斷都不會因膚色差異而有所不同。

親屬關係

　　這個類別探討家族忠誠與親屬關係對道德原則的影響。重點在於：同樣的狀況若是發生在距離作答者親疏不同的人身上，作答者的道德判斷會不會因此出現改變？

　　不出所料，這個類別的道德嚴苛度最低，滿分30分，平均分數只有19.5分。

積極消極

　　這個類別要探討的是：在同樣的狀況下，積極作為與消極不

作為的道德地位是否相同？請看以下的例子。假設就整體而言，喝可樂中毒是一件壞事，也許我們就會問，在可樂中下毒（積極作為）以及未能阻止別人喝下原本就有毒的可樂（消極不作為），是否具有道德上的差異？因此，這個類別要探求的就是，在同樣的狀況下，行為者採取積極的作為或者消極的不作為，對你的道德判斷原則會不會造成影響。

這個類別的嚴苛度也很低，平均只有21.6分，這表示一般人傾向認為，積極作為與消極不作為的差異很大。這是道德哲學中最大的爭議，也是影響安樂死合法化的關鍵因素。許多人認為，醫生有能力治療卻放任病患死亡是一回事，但是直接動手剝奪病患的性命則是跨越了應有的界線。

規模大小

這個類別探討規模大小是不是影響道德判斷的因素。舉個簡單的例子：假設犧牲一個人可以挽救10個人的性命，相較於比例相同但數目不同的狀況——譬如犧牲10個人，挽救100人——這麼做的道德評價是否有所不同？因此，這個類別要探求的是：面對同樣的狀況，道德判斷原則會不會因為規模大小的不同而產生改變？

我們之所以認為規模大小可能會造成影響，原因是大規模的苦難對我們的情感衝擊也會較強。舉例而言，火車出軌造成多人死亡的消息總會登上頭版，但是在同一段時間個別發生的道路車禍，雖然合計造成的死亡人數更多，卻不會受到媒體特別注意。

　　這個類別的平均分數為26.4分，和地理距離的分數相同。看來，一般人確實認為規模大小對道德判斷有影響；不過，影響的程度並不是特別重大。

終極思考

　　我們之所以無法評判你的回答是對是錯，原因是「道德情境劇場」探討的是道德理論中最困難的議題。一方面，我們不能隨意按照自己的需求，調整道德原則；但另一方面，我們做出道德判斷時，也不能無視於各種狀況的差別。

　　這項測驗的目的，是要讓你認真思考自己的區別有沒有正當理由，或者只是純粹為了迎合自己的需求。舉例而言，就算重視自己的家人甚於陌生人具有道德上的正當性，這種行為是否也有其界線呢？若你運用關係讓自己的小孩進入一所學校，導致另一個更有資格的孩子因此被排除在外，難道這種行為也算正當嗎？就算優先重視自己的社區是合理的行為，但這種行為是不是也有可能轉為對別人的歧視或漠不關心呢？「道德情境劇場」只是一種測驗遊戲，但是，其中的道德抉擇可不能以兒戲視之。

第 **8** 關

莎士比亞 vs. 布蘭妮
Shakespeare vs. Britney Spears

「美術館裡的圖畫所聽到的妄言謬論，恐怕比世界上任何東西都還多。」

——愛德蒙・德・龔固爾（Edmond de Goncourt）

是什麼因素成就偉大的藝術作品？哪些藝術家的作品是世上最偉大的藝術作品？這些問題引起的爭論無窮無盡，而且可能得不到確切的結論，但我們總是忍不住要提出這樣的問題。也許，雖然我們找不到確切無疑的答案，卻更是無法忍受沒有答案的狀況。如果有人認為流行合唱團 REO 快速馬車的音樂勝過莫札特的作品，或者重金屬宗師奧茲・奧斯本（Ozzy Osbourne）的歌詞比濟慈（John Keats）的詩更偉大，大多數人都不會覺得這只是品味不同的問題，而會認為這個人根本搞錯了。

這項測驗的目的，是要了解你認為是什麼因素成就偉大的藝

朱立安・巴吉尼
JULIAN BAGGINI

你以為你以為的就是你以為的嗎？
Do You Think What You Think You Think?

術作品。誰知道呢？依照你的標準，說不定REO快速馬車的團員真的是音樂天才呢！

事前準備：何謂偉大的藝術？

「什麼因素成就偉大的藝術作品？」這個問題有各式各樣的答案，但是在藝術理論和美學史上，有6種答案是較為常見的。你必須做的，就是指出你認為在判斷藝術作品優劣的時候，每一項因素的重要性有多高。

為了幫助你做出決定，我們在每項因素底下都簡要描述了哲學家曾經對該項因素提出的意見。請先讀過這些說明，確認你心中的想法和我們所說的沒有不同。看完之後，請開始做測驗的第一部分。

美學要素

作品必須展現高超的技巧。

奇特的是，藝術家的技巧在哲學美學當中並不是核心議題，而且在哲學家的藝術概念裡通常也不占有中心地位。有時候，一般人只認為技巧是理所當然的基本要素，因為所謂的藝術作品，一定都必須由高度技巧製作而成。不過，自從概念藝術興起以來，一只尿壺也可能經由某種形式的概念化而成為藝術作品。於是，藝術家的技巧在藝術作品中扮演的角色，也就因此成為較受重視的議題。

　　也有些哲學家認為，欣賞藝術作品與藝術家無關，其中隱含的意思就是，欣賞者不需考慮藝術家的技巧，威廉·維姆薩特（William K. Wimsatt）與門羅·比爾茲利（Monroe C. Beardsley）提出的意圖謬誤概念就是這種看法的表現。他們寫道：「作者的意向或意圖不但無法得知，也不是判斷文學作品優劣的適當標準。」他們對作家的說法一樣可以應用在其他種類的藝術家身上。

　　另一方面，當代英國哲學家羅傑·史庫頓（Roger Scruton）則寫道：「如果完全不在乎一座雕像究竟是由風雨蝕刻而成，或是由人手雕塑而成，這個人就根本沒有詮釋乃至察覺雕像的能力。」史庫頓認為，美學欣賞至少必須把藝術作品視為藝術家用心創作的成果。

作品必須讓人樂在其中。

　　許多哲學家都認為，藝術作品帶給我們的樂趣，是決定作品價值的關鍵要素；不過，抱持這種主張的哲學家幾乎都會區別「合宜」的美學樂趣與其他各種樂趣的不同。

　　在這一點上，康德的區分非常明確。他認為真正的美學樂趣是「沒有利害關係」的，也就是說，這種樂趣和美學欣賞的對象是否確實存在沒有關係。舉例而言，我們看到俊男美女時感受到的樂趣，在康德眼中並不是沒有利害關係的樂趣，原因是這種樂趣都帶有對那個人的欲求，和這個人肌膚相親的可能性——不論是實際還是想像——是我們感到樂趣的原因之一。若是真正的美

學欣賞，我們的樂趣就應該只是純粹鑑賞這個人的模樣，而不理會這個人是否真實存在。

　　還有許多哲學家也嘗試過區分純粹的美學樂趣和較粗鄙的樂趣。印度藝術哲學家庫馬拉斯瓦米（Ananda Coomaras-wamy）談到「味」（rasa）這種印度人心中的美學樂趣概念時，就認為這種樂趣和飲食這類尋常樂趣並不相同。「味」的感受較像是宗教體驗，而不只是感官享受。

　　當然啦，這表示就算有千百萬人喜歡布蘭妮的音樂，我們還是可以說，她的音樂為人帶來的樂趣不是合宜的美學樂趣。至於這種區辨是否合理，或者只是一種自以為是的看法，則必須留待以後再討論了。

作品必須傳達藝術家的情感。

　　認為藝術作品的主要目的就在於傳達藝術家的情感，是一種流傳極廣的浪漫主義觀點，英國哲學家柯靈烏（R. G. Collingwood）也認同這種藝術界定方式的基礎。不過，可不要誤會他對這種觀念的看法，這種觀念不表示藝術是一種情感的自主迸發。剛好相反：藝術家的技巧優劣，就在於能否透過自己選擇的藝術形式，表達內心的情感。藝術表達出藝術家的感受，並且傳達給欣賞者；然而，藝術作品不只是單純的情感表達，不只是像歡笑哭叫那麼簡單。

　　托爾斯泰也抱持類似的觀點，他認為藝術作品的目的是觸發

觀者、讀者或聽者內心的情感。在這種觀點中，藝術家也不只是
單純表達自己的感受，而是必須有足夠的技巧與能力，在欣賞者
心中也引發同樣的感受。不過，托爾斯泰還有另一個重要觀點：
除非藝術作品引發的情感能提升道德，否則這個作品就毫無價
值。浪漫主義的觀點認為，不論藝術家內心有什麼感受，都必須
在作品中表達出來；托爾斯泰則認為，藝術家只應傳達崇高的情
感。

作品必須傳達重要的道德教訓，或是幫我們過更好的人生。

藝術作品必須提升道德，這種觀念在今天看來顯得非常古
老，因為當今的社會通常認為，藝術作品不受一般的道德標準所
規範。現在的浪漫觀點認為，藝術家不該受到審查限制，應該有
隨著靈感充分表達自我的自由。

不過，另一種傳統則認為，道德觀在藝術當中占有重要地
位。托爾斯泰之所以訴諸道德，原因是他認為藝術作品的欣賞完
全是個人主觀的問題，任何人若想為品味訂定客觀標準，一定免
不了失敗；可是，我們卻有一種方法可以客觀判斷藝術作品，也
就是評判作品中的道德成分。因此，我們平常說一本小說好不好
看，只是表達個人意見而已；但是若質問這本小說是否傳達了道
德訊息，就能得出所有人一致同意的結論。

這種意見一致性非常重要，因為這樣的意見會影響到公共
經費對藝術的補助。托爾斯泰認為，只能為人提供樂趣的藝術作

朱立安‧巴吉尼
JULIAN BAGGINI

你以為你以為的就是你以為的嗎？
Do You Think What You Think You Think?

品，沒有理由獲得補助；如果歌劇和舞蹈這類娛樂可以獲得補助，飲酒與綜藝表演為何反倒應該遭到課稅呢？

有些人也曾經從其他角度論證藝術的道德重要性。席勒認為，藝術作品能讓我們對世界敞開心胸，同時也透過藝術作品中的創意變化來理解世界的意義。如此一來，我們就能讓自己成為更好的人。

作品的形式特徵必須具有和諧與美感。

我們向來認為藝術作品是具象的：肖像畫呈現人物的形象，小說呈現事件的形象，音樂則可能呈現情感的形象。不過，也有許多人反對這種藝術概念。有一種觀點認為，就算藝術真的呈現了現實世界的事物，這種具象能力也不是成就偉大藝術的因素；藝術作品的偉大與否，其實取決於作品中各項形式特徵的結合方式。

這一點在立體派或抽象派畫作中最是明顯可見。這種作品的優劣，取決於畫面上的顏色、形體與結構如何組成一個和諧或迷人的整體。

這種想法的濫觴，是克萊夫‧貝爾（Clive Bell）在20世紀初提出藝術作品「有意義的形式」這種概念。同樣的想法也可以在康德的作品中看到，他認為只有對藝術作品無利害關係的鑑賞，才能帶來合宜的美學享受。在這種情況下，欣賞者將不再理會作品中具象呈現或指涉了什麼東西，而只是單純欣賞作品本身。

　　這種藝術觀點的一個主要問題，就是似乎無法適用於所有的藝術作品。以畢卡索的《格爾尼卡》（Guernica）為例，這幅畫作呈現了西班牙人民與動物在內戰期間遭到佛朗哥政權摧殘，陷身於極大的苦難中。欣賞這幅畫作時如果不談這一點，而只是觀看畫面上的形式特徵，顯然無法抓住這幅作品的關鍵要素，也無法說明這幅作品的衝擊力來自何處。

作品必須讓人洞悉實在界。

　　柏拉圖認為，藝術阻礙了人對實在界的適當理解，因此對藝術抱持反對態度。在他的看法中，真正的實在界是「理型」的世界；理型是完美的「藍圖」，世間事物都只是理型的仿製品。拿椅子為例，椅子的理型就是完美永恆的椅子形象，世上任何一張椅子都只是這種完美形象的劣等仿製品。由於藝術作品具象呈現了這個世界上的椅子和其他事物，因此藝術和實在界其實隔了兩層，它只是實在界仿製品的具象呈現。所以，如果你想了解實在界，最好對藝術敬而遠之。

　　所幸柏拉圖的觀點不是藝術的最終定論。和柏拉圖抱持相反意見的哲學家，不一定都明確指稱藝術能揭露現象界背後的實在界；不過，他們確實經常暗示藝術能幫助我們進一步了解實在界，因為藝術能揭示實在界重要的一般特徵。舉例而言，亞里斯多德就說悲劇有滌淨的效果；所謂的滌淨，意思是說藝術能讓我們面對並克服普世相同的情感，經由觀看戲劇而宣洩內心的感

朱立安‧巴吉尼
JULIAN BAGGINI

你以為你以為的就是你以為的嗎？
Do You Think What You Think You Think?

受。荀子認為，音樂反映了神聖秩序的和諧，只要培養適切的音樂欣賞能力，就能洞悉真正的實在界。叔本華認為，藝術能讓人看見實在界的基本特徵：意志。他認為意志是推動宇宙一切運動的力量。杜威（John Dewey）也說，雖然實在界的一體性平時總是淹沒在零碎雜亂的日常生活中，藝術卻能讓我們體驗到這種一體性。

接受測驗：第一部分

現在該來了解你的想法了。做完測驗之後，你就會知道自己的想法究竟是不是自己認為的那麼一回事。

要成就一件偉大的藝術作品，哪些要素最重要？請依照以下的重要性分數，在底下表格的「有多重要？」欄下為每一項因素評分。在這個階段，先不要理會A到D的欄位。

重要性分數如下：

至關緊要	4分
非常重要	3分
頗為重要	2分
有點重要	1分
一點都不重要	0分

朱立安・巴吉尼
JULIAN BAGGINI

你以為你以為的就是你以為的嗎？
Do You Think What You Think You Think?

有多重要？	A	B	C	D
藝術技巧				
為人帶來樂趣				
表達藝術家的情感				
道德或人生的教訓				
和諧與美感				
洞悉實在界				

完成第一部分之後，請接著做第二部分。

第二部分：從理論到實務

1 請在腦海中挑出兩位藝術家，不論是作家、畫家、作曲家還
是演奏家，任何種類的藝術家都可以。你必須對這兩位藝術
家的作品有相當程度的熟悉，才能回答以下的問題。

2 請指出你在這兩位藝術家當中比較喜歡哪一位。如果你覺得
很難抉擇，那麼，請想像自己即將被放逐到海外孤島上，而
你只能帶一位藝術家的作品去。為了避免額外的因素干擾，
請假設你能帶走的作品數量都一樣。舉例來說，請不要因為
莎士比亞的作品數量比普拉絲（Sylvia Plath）還多，就選擇莎
士比亞。而且，也請不要說你無法抉擇。

3 接下來，請你將這兩位藝術家的名字寫在前一頁的表格裡：
一個寫在 A 欄下，一個寫在 C 欄下。

4 請依照第一欄的要素評價這兩位藝術家的作品，並按照以下
的計分方式表示這些作品符合每一項要素的程度：

完全符合　　4分
非常符合　　3分
相當符合　　2分
有點符合　　1分
完全不符合　0分

舉例來說，若你選擇的藝術家是「起笑蛙」（Crazy Frog），你覺得他的音樂能為人帶來極高的樂趣，但是完全沒有道德意義，那麼，請在「為人帶來樂趣」這一列填上4分，「道德或人生的教訓」填上零分。

5　接著要做點算術了。在每一欄中，請將「有多重要？」和A欄的分數相乘，相乘的結果寫在B欄裡；再將「有多重要？」和C欄的分數相乘，相乘的結果寫在D欄裡。

6　然後，再分別加總B欄與D欄的分數。

計分範例如下：

	有多重要？	A 起笑蛙	B	C 赫斯特*	D
藝術技巧	2	3	6	1	2
為人帶來樂趣	3	4	12	1	3
表達藝術家的情感	4	2	8	2	8
道德或人生的教訓	0	0	0	2	0
和諧與美感	1	0	0	1	1
洞悉實在界	3	0	0	3	9
			26		23

7　請繼續往下讀，以了解這些數字究竟代表什麼意思。

* 達米恩・赫斯特（Damien Hirst, 1965-），作品以極具爭議性著稱，例如完整保存於甲醛裡的羊隻或虎鯊屍體。

解析

　　這個計分系統讓你自己定義判斷偉大藝術家的標準，然後再顯示你選擇的藝術家在這種標準下的表現如何。舉例而言，藝術家的作品若是完全符合一項至關緊要的美學要素，就會得到最高分（4×4＝16）；如果他的作品只是有點符合一項不太重要的要素，就只會得到一分（1×1）。

　　因此，按照你自己選擇的要素，以及你為每一位藝術家的評分，總分較高的藝術家就是比較偉大的藝術家。（在我們提供的範例中，起笑蛙的分數比赫斯特還高。這是誰做的啊？）

　　你計分結果的贏家，和你想把作品帶到海外孤島的藝術家，是不是同一個人呢？也許是。不過，如果你用不同的藝術家重複進行這項測驗（試試看），可能會發現有時結果不一定如此。當然，你很可能會認為，這是因為我們的計分系統有問題。不過，我們認為這樣的結果可能有其他意義，也就是許多人口中聲稱的美學要素，和他們在自己喜愛的藝術作品中重視的特質，常常並不一致。

　　從這項測驗的線上受試者中蒐集到的資料即可證明這一點。線上受試者必須從預先擬定的名單中選出兩位藝術家，我們在說明分數所代表的意義之前，都會先問每位受試者希望帶哪位藝術家的作品到海外孤島上，結果發現許多人選擇的藝術家竟然都是得分較低的那一位！

　　這種現象可以有3種解釋。第一種解釋是我們的測驗有瑕

疵。嗯……這項測驗的確不完美，可是，儘管有些顯而易見的異常現象能用這種方式解釋，我們認為絕大多數狀況並不是出自這個原因。

第二種解釋是，對許多人而言，藝術作品的某個面向可能會遠勝於其他各個面向，而這個面向通常是作品為人帶來的樂趣。也許這些人真心認為，若是綜合考量各種因素，莎士比亞確實是比布蘭妮還要偉大的藝術家；不過，如果他們不得不做出選擇，那麼，他們寧可在孤島上聽著〈愛的初告白〉跳舞，也不願看《暴風雨》。若是這樣，請回頭看看計分表。你很可能會發現，在「樂趣」要素上得分較高的藝術家，就是你想要帶他的作品到孤島上的那一位。

大多數狀況也許都能如此解釋，但是，有許多人——尤其是受過教育的中產階級人士——通常不願意承認，自己對流行音樂、流行小說或好萊塢賣座電影的愛好會勝過偉大藝術作品。

由此帶出的就是第三種解釋。許多人都有偉大的藝術作品「應該」具備哪些特質的觀念，這種觀念不一定等同於他們自己的想法，而是他們認為有教養者應該抱持的意見。於是，只要有人問他們，什麼因素可以成就偉大的藝術作品，他們就會提出「正確的」答案，而不是自己內心真正認為的答案。

我們希望，這項測驗能促使讀者誠實檢視自己對藝術及其重要性的看法。做過這項測驗之後，你應該要有勇氣擺脫一般既定看法的束縛。

談到既定看法，我們從線上受試者的測驗結果中蒐集了不少

資料，藉此了解他們認為哪些要素最重要，以及我們提出的10
位藝術家當中哪一位的平均分數最高。

以下就是決定藝術作品偉大與否的美學要素「名次表」：

名次	美學要素
1	作品必須傳達藝術家的情感
2	作品必須讓人樂在其中
3	作品必須讓人洞悉實在界
4	作品必須展現高超的技巧
5	作品的形式特徵必須具有和諧與美感
6	作品必須傳達重要的道德教訓，或是幫我們過更好的人生

以下則是得分前10名的藝術家：

1	珍・奧斯汀
2	莎士比亞
3	米開朗基羅
4	艾略特
5	邁爾士・戴維斯
6	莫札特
7	科特・柯本
8	畢卡索
9	史蒂芬・金
10	布蘭妮

朱立安‧巴吉尼
JULIAN BAGGINI

你以為你以為的就是你以為的嗎？
Do You Think What You Think You Think?

終極思考

　　有趣的是，「傳達藝術家的情感」竟然是大多數人判斷藝術作品偉大與否的首要因素。由此可見，儘管浪漫主義的藝術觀在藝術界早已不再是主流，至今卻仍然最受一般人所認同。

　　大多數人都不認為藝術作品必須傳達道德或人生教訓，這也是頗令人吃驚的結果。當初王爾德說藝術超越於道德之外，被人認為是驚世駭俗的言論，現在這種觀點顯然已蔚為主流。

　　在偉大藝術家的名單上，布蘭妮屈居第十名並不令人意外，但是有些結果卻可能別具意義。珍‧奧斯汀排名第一，但是她在一般的評價中卻都比不上第二至四名那3位男性藝術家。我們的排名也許比主流評價還公正，因為主流評價據信都比較偏好早已去世的白人男性。邁爾士‧戴維斯的排名高過莫札特，更是一項引人好奇的結果。不過，我們無意聲稱這份名單具有多麼重大的意義，畢竟其中反映的只是我們網站訪客的意見而已；然而，科特‧柯本真的比畢卡索還偉大嗎？這樣的結果顯然足以令人深思一番。

第**9**關

道德考驗室
Are You Officially Ethical?

「我做好事就覺得好過，做壞事就覺得不好過，這就是我的信仰。」
——亞伯拉罕・林肯（Abraham Lincoln）

我們有沒有可能想要不好的事情？這個問題的答案似乎明顯是肯定的。我們想要的許多東西都對自己有害，另外也有許多東西則是對地球有害：長途飛行、甜食、與不適當的對象發生性行為——也許還在不適當的地方，並且採用不適當的方式。柏拉圖早就察覺到，這種現象其實有點奇怪。如果我們想要某個東西，一定至少在某方面認為這個東西是好的。例如你想吃一片裹著濃濃巧克力的蛋糕，至少也是因為你覺得這種蛋糕好吃。而且，如果你真正覺得一個東西的壞處大過好處，那你應該一定不會想要這個東西才對吧？

朱立安・巴吉尼
JULIAN BAGGINI

你以為你以為的就是你以為的嗎？
Do You Think What You Think You Think?

這個難題沒有簡單的解決方法，但是其中突顯了一項非常重要的議題：我們怎麼知道自己認為好的東西真的是好，或者認為不好的東西真的不好？接下來就是要踏入這個道德不確定性的領域。

接受測驗

只要填寫一份由兩個部分構成的簡單問卷即可。先做完第一部分，再做第二部分。請記住，我們不會判斷對錯，我們的目的並非要確認你是否抱有「正確」的道德價值觀。

第一部分

		強烈不同意	不太同意	沒有意見	有點同意	強烈同意
1	購買有機食物對人類與地球都有益。					
2	經常搭乘飛機的人所購買的機票價格內，若是有一部分金額用於資助二氧化碳減量措施，足以抵消飛機排放的廢氣，他們針對地球暖化問題所採取的道德立場，其實就和為了環保而絕對不搭飛機的人一樣。					
3	與其購買從千百里外運來的食物，購買當地農產品絕對是較好的選擇。					

		強烈不同意	不太同意	沒有意見	有點同意	強烈同意
4	在沒有獲得聯合國支持的情況下，強大的西方國家以武力推翻高壓政權，原則上並不算錯誤的行為。					
5	每個國家都應該簽署京都議定書，因為這份議定書的目標是降低大氣中溫室氣體的濃度。					
6	如果必須在加劇環境破壞和抑制經濟成長之間二者擇一，有時破壞環境是較好的選擇。					
7	如果西方社會的消費者發現某家公司在開發中國家利用童工製造產品，就應該抵制這家公司。					
8	基因改造食品有消除全球飢荒的潛在能力。					
9	對開發中國家而言，自由貿易比援助或公平貿易認證更加重要。					
10	我們必須採取更多行動，反抗超級市場與跨國連鎖商店的勢力。					

第二部分

　　好的，接下來你一定能看出我們提出這些問題的目的：了解你的言行是否一致。不過，可別輕易認定你的回答一定會帶來什麼樣的結果——結果很可能會出乎你意料之外。所以，請誠實作答。就像學校老師常說的，如果不誠實作答，欺騙的只是自己……

		是	否
1	只要可以，我一定購買有機食物。		
2	只有在走路、騎腳踏車或搭乘大眾交通工具都不可能的情況下，我才會開車。		
3	我都會確認自己購買的食物不是從其他大陸進口而來。		
4	如果沒有聯合國的支持，使用武力解放集中營也是錯誤的行為。		
5	我家中都使用省電燈泡（只要在設備許可的情況下），我買的家電也都是有節能標章的產品。而且，我通常不會讓電視和錄影機等電器用品停在待機狀態。		
6	過去兩年間，除了工作上絕對必要，我都沒有搭過飛機。		
7	我已經盡了合理的努力，確認我平常購買的衣服品牌都訂有禁止使用童工或血汗工的公司政策。		

		是	否
8	如果非基改食品比基改食品多用了4倍農藥，我還是寧願吃非基改食品。		
9	只要買得到，我就一定會購買通過公平貿易認證的商品，而且我也會積極尋找這種產品。		
10	我通常會到超級市場購物。		

朱立安・巴吉尼
Julian Baggini

你以為你以為的就是你以為的嗎？
Do You Think What You Think You Think?

你的成績如何？

你的答案會得到兩種成績。

1 第一部分測量的是你的信念有多麼合乎「道德正確」。至於這是什麼意思，我們稍後就會談到。以下是第一部分的計分方式：

	強烈同意	有點同意	沒有意見	不太同意	強烈不同意
第 1、3、5、7、10 題	2	1	0	-1	-2
第 2、4、6、8、9 題	-2	-1	0	1	2

請將分數加總起來，寫在以下的表格裡。

2 第二部分測量的是你的行為有多麼合乎「道德正確」。每答一個「是」就得 2 分，每答一個「否」就扣 2 分（請注意，第二部分和第一部分的題目不是剛好兩兩配對，但是其中的行為都和第一部分提到的價值觀有關）。

信念合乎道德正確的成績（第一部分）	
行為合乎道德正確的成績（第二部分）	

3　現在，你就可以在以下這張圖表上找到自己所屬的象限。橫
　　軸表示信念合乎道德正確的成績，縱軸表示行為合乎道德正
　　確的成績。所以，假如你在信念部分是6分，但行為部分是-8
　　分，你所在的象限就是我們打叉的地方。

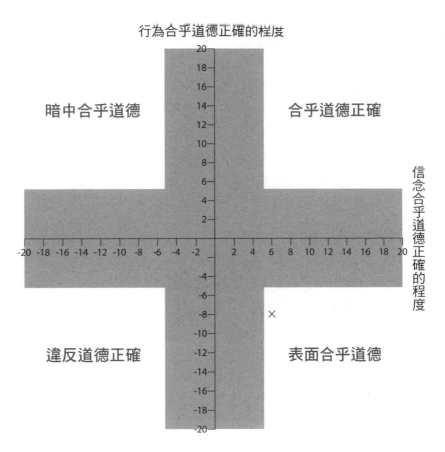

4　你所在的象限代表你所屬的類別。以下簡要説明每個類別的
　　意義。

合乎道德正確	你的信念與行為都是西方自由社會主流道德觀的典範。
違反道德正確	你反對西方自由社會的主流道德觀，行為表現也與此一致。
表面合乎道德	雖然你接受西方自由社會的主流道德觀，行為卻沒有達到自己的理想。
暗中合乎道德	雖然你反對西方自由社會的主流道德觀，日常生活的行為卻反倒符合這種道德準則。真是奇哉怪也！

　　打叉的位置距離原點愈遠，表示具備這個類別的特徵愈鮮
明。你的叉若是位於灰色區塊之外，就表示你確確實實屬於這個
類別，毫無平反的餘地。就算你的叉頗為接近灰色區塊，所屬的
類別還是沒有什麼疑問。

　　不過，還是和先前的測驗一樣，要真正了解這些類別的意
義，就必須深入解析。

何謂道德正確？

在某個層面上，這項測驗只是一種簡單的手段，用於確認你主張的價值觀和實際行為所遵循的道德原則是否一致。當然，我們必須承認測驗中的題目確實經過刻意設計，以便讓大多數人現出原形：我們懷疑有許多人都只是「表面合乎道德」而已。

就這個面向而言，我們認為這項測驗非常有意義。我們的行為很可能永遠達不到心中的理想，但我們還是應該坦承其中的落差有多大。若你的 × 位於右下角的灰色區塊以外，你的信念與行為之間的落差就頗為嚴重了。

不過，我們的目的其實不僅止於此。我們想了解的是，什麼樣的行為在當今社會裡能算是合乎道德。我們說「道德正確」其實是一種暗諷，就像「政治正確」一樣（其實我們都不喜歡政治正確）。只要看看大企業公布的道德聲明，還有《道德消費評鑑》這類組織彙編的「倫理報告」，以及報紙上教人怎麼讓生活合乎道德的專欄文章，就會發現其中宣揚的總是那幾種核心價值：主要與環保有關，順便抨擊大企業與自由貿易，並且支持公平貿易。

這些概念當中究竟有哪些真正符合道德，本書的兩位作者也各有不同的意見（我們當中一人嚴格奉行資源回收，而且都購買公平貿易的商品；另外一人則是不管什麼垃圾都丟進同一只垃圾桶，只購買最便宜的商品）。不過，我們一致認同的就是，這種社會共識其實是一種自矜自滿的心態，而且經常也都不是什麼正確的看法。

　　舉例來說，若是回頭看看第一部分的題目，就會發現每一道題目都可以找到正當的道德立場予以反對。目前還沒有確切證據可證明有機農產品的價值。經常搭飛機的人若是付費抵消飛機排放的廢氣，為什麼不能算是和不搭飛機的人一樣對環境盡了應盡的心力？兩者對遏制地球暖化的貢獻不是一模一樣嗎？已開發國家進口開發中國家的農產品，有助於貧窮農民的生計，但是運輸過程卻會產生空氣汙染，我們該怎麼決定這兩者孰輕孰重？用抵制產品的方式制裁設置血汗工廠的公司，難道不會造成反效果嗎？我們必然希望企業能監督自家產品的來源，但是，這也表示他們一定有發現不當行為的可能性；一旦發現這樣的狀況，真正重要的應該是企業的處置態度吧？其他題目也都能找到類似的反對理由，只要是明智細心的人，都看得出「道德正確」的觀點其實問題重重；就算自己支持主流的道德觀，也能夠了解為什麼有人抱持反對意見。

　　因此，不論你做完這項測驗之後的結果是什麼，都不值得感到高興，因為每一種類別都會帶來其他的問題。

　　合乎道德正確的人，其信念與行為都符合主流道德觀。這種言行一致的狀態值得肯定，而且我們猜想這種情況應該很少見。不過，也許你應該質疑自己切實信奉的這些價值觀是否真的正確無誤。

　　表面合乎道德的人經常會說：「我知道應該這麼做，可是……」其實，真正錯誤的說不定是你嘴巴上認同的那種價值觀，而不是你的行為。我們常說言不如行，也許你的行為所依循的價

值準則其實較為優秀。

　　違反道德正確的人一開始也許以為自己會遭到譴責，現在卻可能因為看到我們質疑當前的主流道德觀而沾沾自喜。先別得意！我們並不認為所有的主流道德觀都應該被放棄，只是認為應該採取批判反思的態度。你傲然違抗社會主流的姿態，說不定只是故意唱反調，而不是因為你的思想比別人更深刻。

　　最後，暗中合乎道德的人雖然積極回收資源、購買有機食物、而且從不搭飛機，但是口中卻說這些行為沒有任何道德優越性：我們只能說，你是個怪人！

終極思考

　　我們沒有理由認為合乎道德所帶來的滿足感是不好的事情。有些人認為，只要做好事的人因此感到自滿，就能揭穿他們的道德假象，這種想法似乎認為合乎道德的行為一定會帶來痛苦：如果你享受合乎道德的感覺，動機一定不純正。不過，利他和自利的動機不一定都會互相衝突，道德不必是零和遊戲——為別人著想不一定要委屈自己。

　　儘管如此，這種滿足感也有可能反客為主，變成「做好事」的目的，而不是附帶效果。遵循正道不一定都會造成痛苦與犧牲，但是要知道哪條路途才是正道，卻可能是非常困難的事情。直接接受一般的主流想法當然簡單得多。弔詭的是，許多人雖然不加思索就接受當前「道德正確」的觀點，卻經常認為自己具有反主流文化的特質；不過，若是同樣不加思索就將自己原本的價

朱立安・巴吉尼
JULIAN BAGGINI

你以為你以為的就是你以為的嗎？
Do You Think What You Think You Think?

值觀換成另外一套，也不表示你的思考或道德操守就比較嚴謹。
如果你真心重視自己是否合乎道德，就不能只是滿腔善意，而是
必須深入思考。

第 **10** 關

我要活下去
Staying Alive

「人如果活著，總是有死的危險，但是這樣的風險一定比原本就半死不活的人還低。」

——亨利・梭羅（Henry David Thoreau）

幾乎所有人在任何時候都會想要保命，可是我們真的知道什麼叫做活著嗎？如果不知道，又怎麼知道什麼樣的條件才能保命呢？這個問題似乎不合常理，但是請想想看，有些人認為永久植物狀態與死亡沒有兩樣，有些人則願意冷凍自己的身體，以便未來再被喚醒；不過，雖然有許多人不會輕易放棄延長壽命的機會，卻對這樣的想法感到不寒而慄。

在這項遊戲中，我們要探究你直覺中認為活著需要哪些條件，答錯的懲罰就是——死亡。至於這是什麼意思，就等稍後再說吧……

迎接挑戰

　　這項遊戲的目標是要保持活命。遊戲總共有三個回合，每個回合都有一個情境和兩個選項；你選擇哪一個選項，將會決定你繼續活命或者就此喪生。你一定要盡力選擇能讓自己活命的答案。每個情境的描述都直截了當，裡面沒有「陷阱」，你也不必擔心其他假設狀況。

　　在遊戲最後，你將會了解自己是不是還活著；不過，既然這是一場哲學遊戲，答案當然也不會如此直截了當……

第一回合：選擇傳送方式

　　你奉命必須前往火星執行一項非常重要的任務。你非去不可，但是可以選擇採用什麼樣的交通方式。

　　一種選擇是透過傳送器。你在地球這一端踏上掃描儀，掃描儀就會把你的細胞狀態完全記錄下來，然後摧毀你的頭腦和身體。接著，掃描儀會將記錄的資訊傳送到火星上的複製儀。由於資訊是由光速傳送，因此，3分鐘即可到達目的地。複製儀將會利用新的物質，重新創造出一個與你原本一模一樣的頭腦和身體。火星上的這個人不但外表像你、思想像你，而且和你根本就沒有兩樣。這個人會覺得自己只是在地球上睡著，在火星上醒來。這種傳輸方式百分之百可靠。

　　另一種選擇則是搭乘太空船。太空船旅程非常危險，有50%的可能性會在途中失事，導致你喪生在太空中；不過，若是搭乘

太空船平安抵達目的地，你的身體和頭腦就不需被摧毀。

你必須選擇能讓自己確保活命的方式。

選擇傳送器，還是太空船？

第二回合：選擇處置大腦的方式

不論是傳送器還是太空船，都成功把你送到火星上了；不過，火星上的生活卻是危機重重。這裡有兩種病毒，一種會摧毀人的身體部位，所幸醫藥科學突飛猛進，人工肢體和人工器官都早已不是問題。你不幸感染了這種病毒，而且因為病況嚴重，現在幾乎全身都是由人工的身體部位構成。

另一種病毒則是會攻擊腦部，雖然不會摧毀腦部，卻會干擾神經傳導路徑，導致記憶喪失、性情改變。一位著名的搖滾樂手感染了這種病毒，現在不但完全不記得自己寫過的歌曲，反而變得極為擅長會計。這種病毒確實奇怪得很！

令人難過的是，你也感染了這種病毒。醫生克服這種病毒的方式，就是利用先進的矽晶片，取代遭到病毒侵襲的頭腦部位。你的病情嚴重，幾乎整顆大腦都必須換成晶片；不過，試驗結果顯示，這麼做將能完全保住你原本的記憶、性情、未來規畫與信念等等，而且可以繼續過正常人的生活。

若不這麼做，就只能任由病毒肆虐，導致記憶喪失、性情改變。你必須做出最有機會保持活命的決定。

換上矽晶大腦，還是任由病毒肆虐？

第三回合：選擇處置身體的方式

經過一段時間之後，不論病患當初做出哪一種選擇，科學家都已經有辦法修復病患腦部所受的損壞了。選擇換上矽晶大腦的人，又移植了有機大腦；遭受病毒肆虐的病患，性情也能穩定下來。

不過，科學進展卻也得到一項驚人發現。說來奇怪，科學竟然發現，輪迴轉世的現象確實存在。人類體內顯然都有一種非物質性的部位——姑且稱之為靈魂——會在死後離開原本的肉體，進入另一個剛出生的動物或人類幼兒體內。當然，靈魂不會把原本的記憶帶過去，否則我們早就知道輪迴轉世的現象了。一般認為，靈魂在一定程度上能夠決定人的個性；不過，由於先天遺傳和後天養育的影響非常大，因此靈魂的決定效果相對上頗為有限。至今為止，雖然你經歷了一段奇特的過去以及古怪的變化，你的靈魂卻還沒離開。

真正奇怪的是，如果靈魂儲存在冰點以下，超過一週就會死亡，這些事實與你必須做的最後一項決定息息相關。你患了重病，但是科學家已經快要找出這種疾病的解藥了。此外，科學家也已經發展出讓人類「冬眠」的冷凍技術，接受冷凍的人可以在日後被喚醒，而且完全保有原本的記憶與個性。你現在有兩個選項。

一個選項是死於目前的疾病。這麼一來，你的身體雖然會

死，靈魂卻能繼續生存──但是請記住，你的靈魂將不會保有你目前的記憶、想法、欲望等等。第二個選項是接受冷凍，日後再解凍接受治療。這麼做將會摧毀你的靈魂，成功機率也只有30%；也就是說，解凍程序與治療方法有70%的機率會失敗。

你必須選擇最有可能讓自己保持活命的選項。

接受冷凍，還是任由肉體死亡？

朱立安・巴吉尼
JULIAN BAGGINI

你以為你以為的就是你以為的嗎？
Do You Think What You Think You Think?

你有沒有平安過關？

　　請根據以下的樹狀圖，看看你的答案有沒有讓你保持活命
——如果有，再看看活下來的是哪一部分：心智、肉體，還是靈
魂。

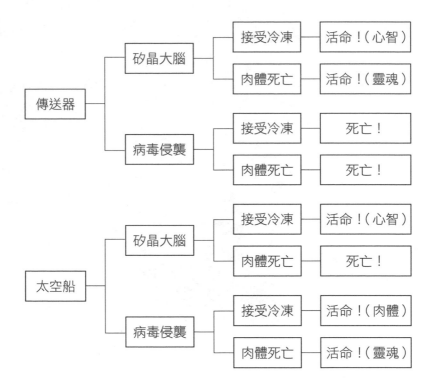

　　這項測驗的線上受試者約有60%保持活命，40%不幸喪生。不過，更重要的一點可能是，保持活命者究竟是哪個部分活了下來？

什麼叫做活著？

　　這項遊戲的基本概念是，在哲學史上（還有人類思想的其他領域也是），共有3項因素據信是自我持續存在的必要條件。其中一項因素是肉體的連續性，也就是肉體功能必須持續運作。在實務上，可能只需肉體的若干部位維持運作即可，例如大腦；畢竟，人不會因為截肢或移植器官就從此不再存在。

　　第二項因素是心智的連續性。自我若要持續存在，就必須有意識的連貫性——包括個人的思想、觀念、記憶、未來規畫、信念等等。

　　第三項因素則是，必須保持個人體內一種非物質性部位繼續存在，這種部位也許可以稱為靈魂。

　　當然，一個人可能需要一種以上的因素才能保持活命，但是在這項遊戲中，玩家絕對不可能同時保有3種型態的連續性。因此，你必須就你自己認為對生存最重要的因素進行選擇；就算沒有任何單一因素足以讓人保持活命，你也只能這麼選擇。

　　不過，玩家的選擇卻有可能導致3種連續性全都斷絕的結果。在這種情況下，我們只好宣告你死亡，因為既然你的肉體、意識和靈魂都不具備連續性，也就沒有任何要素能維持自我的繼續存在。不過，就算你活命了，你的某些選擇可能也會讓你的存

朱立安‧巴吉尼
JULIAN BAGGINI

你以為你以為的就是你以為的嗎？
Do You Think What You Think You Think?

活充滿問題。所以，如果你因自己逃過一劫而慶幸不已，請先繼續往下讀，不要高興得太早。

首先，遊戲中的兩條路徑符合所謂的心理化約論；根據這種觀點，只要具備心智連續性，自我即可繼續存在。若是使用傳送器，換上矽晶大腦，最後又因接受冷凍而導致「靈魂」死亡，你仍然保有生存所必需的意識連續性；若是選擇搭乘太空船，但是其他選擇都和上述一樣，也會得到相同的結果。然而，根據心理化約論的看法，搭乘太空船顯然冒了不必要的風險，因為太空船有50%的機會可能失事；如此一來，你的身體、大腦和意識就會隨之消滅。

不過，反對這種理論的人卻會說你根本沒有活下來，而是犯下了極大的錯誤。舉例來說，你透過傳送器到達火星之後，火星上那個人真的是你嗎？還是應該說，那是你的複製品，真正的你早已遭到掃描儀摧毀了？

除了心理化約論之外，另外一種觀點則認為，如果自我要繼續存在，就必須保持身體器官持續存活。若是搭乘太空船，任由病毒侵襲你的大腦，然後又接受冷凍導致「靈魂」滅亡，你就達成了這種觀點下的存活要件。

不過，如此存活下來真的是你原本的自我嗎？如果你的性情、心願、信念、欲望與記憶皆已消失無蹤，你的身體繼續存在還有意義嗎？難道自我只是一具軀體嗎？有許多人這麼認為，但是另外也有許多人認為，如果沒有心智連續性，自我不可能純粹因肉體存活而存在。

　　最後還有一種理論，可能是歷史上最廣受支持的一項，也就是靈魂說。不過，這是什麼意思呢？許多人也許認為，如果有靈魂的存在，靈魂就會決定他們的性格，保有他們的記憶等等。可是，既然我們已知道大腦在意識當中扮演的角色，這種說法就實在難以讓人信服。這就是為什麼在這項遊戲中靈魂只是個隱晦不明的非物質部位。

　　由於這項遊戲的設計方式，最後你只要選擇肉體死亡，就能保有靈魂的存活。但是，達到這個結果的兩條路徑實在充滿矛盾，因此我們只好宣稱這種結果其實相當於死亡。而且，這兩條路徑也都有各自的問題。

　　如果你的前兩個選擇符合心理化約論或肉體連續性，最後卻選擇肉體死亡，導致意識也隨之消逝，那我們可以認同你是為了自我存活而如此選擇，因為你認為，只有靈魂存在才能保住自我的延續。

　　不過，如果你選擇搭乘太空船，又任由病毒侵襲你的大腦，最後卻選擇肉體死亡，那我們就不得不問，你在前兩個情境裡為何認為肉體的連續性比心智的連續性還重要？依此推測，顯然你認為靈魂必然伴隨肉體存在，因此必須保住肉體的存活，靈魂才有「宿主」。然而，就這種觀點看來，靈魂卻是個頗為空洞的自我。這種自我不需有思想、信念或記憶的連續性，似乎是一種非物質性居所，可供思想、情感、信念等棲身。自我真是這樣的東西嗎？

　　如果你的前兩個選擇是傳送器和矽晶大腦，那又怎麼說呢？

如此一來，最後任由肉體死亡的選擇實在令人不解，因為前兩個選擇顯然是為了保住心智的連續性，最後卻認為心智連續性的重要性不如靈魂。也許你從頭到尾都認為靈魂的存在才是最重要的因素，只是保持心智連續性是達成這項目標的最佳方式；一旦必須在兩者之間抉擇，你還是會選擇靈魂。這樣的想法當然具有一致性，可是在我們看來，實在有點難以理解。

如果你選擇太空船和矽晶大腦，或選擇傳送器和病毒，最後再選擇肉體死亡，一樣能保有靈魂的存活；不過，為了這項遊戲的目的，我們卻宣稱這兩條路徑的結果都是死亡。為什麼？因為這項遊戲的最終目標，是測試你理性思考的一致性。你一下子認為靈魂必須伴隨肉體存在，一下子認為必須伴隨意識存在，最後又認為靈魂不需要這兩者也能單獨存在，這樣的想法顯然前後並不一致。

無論如何，其中有一條路徑倒是毫無疑問會導致死亡。如果選擇傳送器，再任由病毒侵襲大腦，最後又接受冷凍，你就是先摧毀了自己原本的肉體，接著摧毀原本的性情，最後又摧毀了原本的靈魂。所幸，只有4%的受試者選擇這條路徑，是所有路徑中人數比例最少的一條。由此可見，矛盾思考顯然不是人類理性的預設狀況。

終極思考

總結來說，個人生存究竟需要哪些條件呢？值得注意的是，到了最後的關鍵抉擇，將近三分之二的人都選擇保有靈魂，雖然

這麼做並無法保住心智或肉體。為什麼？也許是因為我們早已習於認為「靈魂」是生命最重要的元素，因此無法接受靈魂死亡的結果。不過，根據我們在遊戲中對靈魂的定義，竟然還有這麼多人認為靈魂重要，這倒是讓我們頗為意外。

　　至於其他兩種觀點，心智連續性得到的認同則高於肉體連續性；就我們自己的偏見看來，這種偏好是正確的。「我思故我在」是哲學中最著名的一句話，其中反映出的一項真理就是，我們其實是自身思想、感受、信念與欲望的總和。也許你不同意，不過，不同意的這個「你」是什麼呢？你的肉體？還是你的靈魂？

第 **11** 關

吶喊自由
How Free Are You?

「但願每條人類生命都可以是純粹透明的自由。」
——西蒙・波娃（Simone de Beauvoir）

1960 年代的英國搖滾樂團「奶油合唱團」（Cream band）曾有一首暢銷歌曲，曲名叫做〈我感到自由〉（I Feel Free）。從歌詞和曲調來判斷，自由的感覺顯然讓貝斯手／主唱傑克・布魯斯（Jack Bruce）深感快樂。不過，這種喜悅會不會只是一場誤會？也許他感到自由，可是，這種自由說不定真的只是一種感覺，而他其實並不自由。搞不好他根本連不自由是什麼感覺都不知道呢？

又是哲學上的吹毛求疵。我們知道這首歌是什麼意思：自由就是不受他人束縛，不受傳統角色與價值觀的羈絆，不受體制、雇主或任何事物的拘束。不過，自由還有另一種意義，我們幾乎任何時刻都能感受到這種自由。就算遭到鎖鏈綁縛，我們還是可

以選擇自己的行為，選擇在外在束縛下仍能做到的身體行動。這種自由是人之所以為人的核心要素。

　　至少大多數人這麼認為。但是，這種自由的感受會不會只是幻象？實際上你究竟有多麼自由？

自由度大挑戰

　　這項測驗採問卷方式進行，你必須做的就是，針對每一種情境指出其中主角對自己的行為必須負起多少責任。「完全不需負責」表示，這個人的行為不值得讚賞，也不需遭受譴責；「必須負起完全責任」表示，不論這個人的行為是值得讚賞還是應該譴責，都必須由他自己一個人接受。我們平常說一個人必須負起責任，通常都是負面的意思，但是在這項測驗中，責任不但代表責罰，也可以代表讚許。

		完全不需負責	必須負一點責任	必須負大部分責任	必須負起完全責任
1	一名風浪板玩家因為一時分心，無意間撞上了一艘小船，導致船上一名小孩跌入水中淹死。				
2	你努力讀書，後來通過了考試。				

		完全不需負責	必須負一點責任	必須負大部分責任	必須負起完全責任
3	一個外表邋遢的人在職場上向來運氣不太好，所以會嫉妒看似輕易獲得成功的人。後來，一名工作表現優異又長相英俊的同僚遭到不實指控，這個人就故意不幫他辯護。				
4	你開車打瞌睡，車子衝出路面，但是只撞上一棵樹，沒有造成太嚴重的損傷。				
5	你發現銀行因為失誤而提高了你的存款數字，可是你不告訴他們這項錯誤。				
6	一個人來自貧困而且沒有受過教育的家庭，經過一番努力終於當上大學教授。				
7	一名趾高氣昂的同事不願承認自己的錯誤，讓別人代為受過。				
8	你看見一個小孩困在失火的房屋裡，於是衝進去救他出來。				
9	你以60公里的時速在速限50公里的道路上行車，結果撞死了一個小孩。				

朱立安・巴吉尼
JULIAN BAGGINI

你以為你以為的就是你以為的嗎？
Do You Think What You Think You Think?

	完全不需負責	必須負一點責任	必須負大部分責任	必須負起完全責任
10	你很想去看一場表演，卻把票送給了一名身患病痛的陌生人。要是沒有你這張票，他一定沒有機會看到這場表演。			
11	一名下了勤務的交通警察衝到交通繁忙的道路上救了一個小孩。			
12	一個天性和善又善於領導的人曾為殘障人士服務，現在自願帶著一群殘障人士出外遊玩。			
13	一名技工草率完成安全檢查，結果煞車失靈，但是沒有造成意外。			
14	你做了一件好事，而且自己樂在其中。			
15	一名曾經參與二次世界大戰的老兵固定領國家退休金過活。有一次，撥款單位不小心多發錢給他，他卻默默收下了這筆錢。			
16	一個人原本存了一筆錢打算犒賞自己，卻把這筆錢捐給慈善團體，幫助一場災難的災民。			
17	一名醫生不眠不休搶救恐怖攻擊的受害者，結果因太過勞累而開錯藥，導致一名傷患喪生。			

	完全不需負責	必須負一點責任	必須負大部分責任	必須負起完全責任
18	一個人看到一個小孩跌入波濤洶湧的海裡，隨即跳下去救他。			
19	一個擅長運動的人自願到特殊需求兒童運動會上幫忙。			
20	由於自己人格中的缺陷，你做出一項錯誤決定，導致別人陷入困境中。			
21	一個人到提款機領錢，結果機器吐出的鈔票比他原本要領的還多，但是這個人卻拿了錢而沒有通知銀行。			
22	一個小孩因為自己的努力而贏得學校的獎項。			
23	一名單親母親在電視上看到一個探討飢荒的節目，於是將對她而言金額很高的一筆錢捐給致力消除飢荒的慈善團體。			
24	一名志工助教帶領一群學童前往有灰熊出沒的國家公園參觀，卻任由幾名學童脫隊行動，但是這些學童未發生意外。			

朱立安・巴吉尼
JULIAN BAGGINI

你以為你以為的就是你以為的嗎？
Do You Think What You Think You Think?

如何計分

　　這項遊戲的計分方法看起來雖然有點複雜，可是，只要按照說明一步一步來，就可以得到最後結果。

1　將每一題的答案所代表的分數填入下頁的表格裡。舉例來說，第九題的答案若是「必須負一點責任」，就在題號 9 旁的空格裡寫上「1」（a 列 A 欄）。

　　0＝完全不需負責
　　1＝必須負一點責任
　　2＝必須負大部分責任
　　3＝必須負起完全責任

	題號	A		題號	B		題號	C	
a	9			1			17		
b	4			13			24		
c	5			21			15		
d	20			7			3		
		D			E			F	J

e	2			22			6		
f	8			18			11		
g	10			16			23		
h	14			19			12		
		C			H			I	K
							總分		

　　現在，你必須把分數加總起來，這樣才有幾種資料能夠用來分析你的答案。A、B、C三欄各有兩組數字，每一組數字各由4個分數構成：也就是a至d這4列與e至h這4列（第9、4、5、20題的答案，就是A欄第一組的4個分數；第2、8、10、14題的答案，則是A欄第二組的4個分數）。

2　將A、B、C三欄各組的4個分數分別加總起來，寫在D、E、F、G、H、I這幾欄的空格裡。

3　接下來將 D、E、F 三格的數字相加，寫在 J 欄的空格裡；另
　　外將 G、H、I 三格的數字相加，寫在 K 欄的空格裡。

4　將 J 與 K 的數字相加，寫在「總分」旁的空格裡。

　　真正有趣的解析還在後面，現在先來看看整體的評語：你的
　　總分代表什麼意思。

72分　　　　你認為人隨時都有絕對的自由意志。

60～71分　　你認為人類對自己的行為具有非常高度的自由
　　　　　　意志。

45～59分　　你認為人類的行為並非完全是自己自由決定的
　　　　　　結果。

30～44分　　你認為人類的大多數行為都不是出自本身的自
　　　　　　由意志。

1～29分　　你認為所謂的自由意志大體上只是一種空談。

0分　　　　你是徹徹底底的決定論者。

接著，就來看看這一切究竟代表什麼意義吧⋯⋯

你實際上認為人類有多麼自由？

這項測驗要求你指出，在各種不同的情況下，人必須為自己的行為負起多少責任。責任的概念與自由的概念緊密相關：在許多情況下，只有在可能做出其他選擇的情況下，才能為自己的行為負責。因此，我們對於責任的看法——我們是否認為自己應該為自己的行為負起責任——就能讓我們了解，自己是否認為人類擁有行為的自由。

你剛剛計算出的總分，顯示你認為人必須為自己的行為負起多少責任。這項總分應該不會讓你感到意外，因為你早就知道自己是不是傾向於認為人應該為自己的行為負責。

但是，其他的分數會讓你了解，自己這種世界觀中是否還有其他細微的變異。為了清楚看出這一點，請將D至K的分數寫在下頁表格的最後一欄裡。

D	你是不良後果的禍首。	
E	不良後果的禍首是題目中完全未加描述的第三者。	
F	不良後果的禍首是題目中有稍微描述的第三者。	
G	你是良好結果的功臣。	
H	良好結果的功臣是題目中完全未加描述的第三者。	
I	良好結果的功臣是題目中有稍微描述的第三者。	
J	造成不良後果的行為總分。	
K	造成良好結果的行為總分。	

　　首先，我們可以看出你心裡想的對象會造成什麼差別。請比較D、E、F這3個分數，這3個分數應該一模一樣，因為我們設計的情境都是3個為一組，每一組的3個情境雖然不完全相同，但是都頗為近似，而且D、E、F也各自對應於一種情境。不過，每一組當中的3個情境雖然類似，每個情境的人物卻各自不同。在D當中，你是行為者；E的行為者是個完全不知面貌的第三者；F的行為者則是題目中有稍微描述的第三者，而且這些描述可能會影響你的判斷。你對這3個情境的判斷是否都相同，還是你認為某些人應該負責的程度比其他人還高（以致分數較高）？

　　G、H、I也同樣各自對應於3個一組的情境，因此，這3個分數也應該一樣。不過，有一項差異倒是必須考量進來。你只要看看D至I的分數，就會發現D、E、F的分數是行為者必須為不良後果負起責任的程度，G、H、I的行為後果則是良好或者不好不壞的結果。一般而言，我們通常較容易責怪別人造成的不良後果，對自己則較寬容（此外，不論別人的行為動機為何，我們通常也比較傾向於認為，他們必須為不良後果負起責任；假使後果沒有特別的好壞問題，我們通常就不認為他們負有責任）。社會心理學家把這種前後不一致的思考方式稱為「基本歸因謬誤」。如果你犯了這種毛病，E的分數就會比D還高。另外，我們愈是知道有環境因素摻雜其中，態度就會愈趨寬容，因此F的分數通常會比E還低。這裡有個有趣的問題：如果你知道別人造成的不良後果有環境因素摻雜其中，你對自己的評判會不會比對這些人還嚴格？

同理，如果行為造成的後果是好事，我們通常就會較容易把功勞歸在自己身上，對別人則較為吝嗇。這種現象稱為「自利歸因偏差」。因此，G的分數通常高於H，而H又高於I，因為一旦我們看到別人行善背後的動機，通常就會認為他們的行為不值得稱賞。我們會說：「反正他們是為了自己而做的，不是嗎？」

只要比較J和K的分數就可以知道，整體而言，自己是不是較容易要求行為者為造成不良後果的行為負責，卻不一定認為良好的結果是行為者的功勞。或者，你的觀念也有可能剛好與此相反。

不過，這項測驗的結果還可以有其他各種有趣的比較。看看主要計分表的每一列，你就可以了解自己對類似的行為是否有相同的判斷。每個情境都代表一種行為類型，計分表左側的小寫英文字母，就是每一種行為類型的代號：

a. 過失致死。
b. 過失導致輕微傷害。
c. 利用機會做出不誠實的行為。
d. 因為人格缺陷而做出卑鄙的行為。
e. 透過努力獲得成功。
f. 把握機會做出英勇行為。
g. 做出常人難以做到的無私抉擇。
h. 因為人格特質而做出善行。

　　你在這部分可以做出各式各樣的比較，我們希望你能從中得到不少領悟。舉例來說，就a列「過失致死」的3個分數來觀察，許多人譴責別人的過失行為毫不遲疑，但是對自己卻頗為寬容。你對這種情況下的3個不同行為者都給予相同的評價嗎？

　　或者，你也可以比較b列「過失導致輕微傷害」的3個分數。在這種情況下，行為者所犯的錯其實和a列的情形一樣嚴重，只是因為運氣好壞不同，以至於a列的情境有人死亡，b列的情境則只出現輕微損傷。如果這兩列情境唯一的差別只在於運氣，依照理性判斷，行為者必須負起的責任就應該一樣。

　　因此，你對人類的自由與責任若有清晰又一致的看法，各組的分數應該差異不大：D至I的分數差別應該不超過一兩分，J與K也應該一樣；不過，如果你的分數存在極大的差異，我們就必須說，你對人類自由的觀點其實不一致。最悲觀的解釋就是，你純粹依照自己的需求，決定行為者是否應該為自己的行為負責：舉例來說，你樂於為自己的善行邀功，卻不願對自己的惡行負責。這種現象也許合乎人性，但你認為這是應該的嗎？

終極思考

　　在許多人眼中，人類的自由意志是人類本性、尊嚴與道德的基石。有人說，質疑人的自由，就是質疑人性本身。這項測驗其實無助於回答這個問題，也無法確認人類是否真的擁有自由意志；不過，我們要質疑的是：自由意志的信念是否真的不可或缺？

我們認為，一般人的常識觀念早就認為，我們無法為自己的選擇負起完全的責任。因此，幾乎沒有人會認為人類不具有絕對的自由意志是不可想像的事。所以，我們最後的想法是，就算我們對自由意志的信念再鬆動一點，難道真有那麼可怕嗎？我們放棄自由的概念可以到達什麼程度？也許可以比我們一般認可的再多一點。當然，你有不同意這種說法的自由；或者，至少看起來像是有這樣的自由。

第 **12** 關

終極哲學常識測驗
The Ultimate Philosophy Quiz

「我要的是事實……人在一生中，唯一想要的東西就是事實。」
——查爾斯‧狄更斯（Charles Dickens），《艱苦時代》（*Hard Times*）

常有人說哲學探討的重點是思考技巧，而不是事實。事實當然有其重要之處，但是，更重要的是清晰思考的能力。

我們同意。不過，正確回想事實也非常有用。如果你能確實記得過去的哲學大師究竟說過什麼話，就更容易從他們身上學到東西。也別忘了，在社交場合上要是能脫口而出過往事件的日期和人名，通常會讓身邊的人對你刮目相看，讓你的聰明才智顯得高人一等。清晰思考只會讓腦筋遲鈍的人摸不著頭腦，博學廣記卻能讓他們佩服得五體投地。

所以，在本書的最後，就請你來做一個令人懷念的老式哲學

朱立安・巴吉尼
JULIAN BAGGINI

你以為你以為的就是你以為的嗎？
Do You Think What You Think You Think?

測驗。如果大多數題目的答案都不知道，就猜吧——最後就會知道了。就位，預備……

第一回合：地點

1　第一次世界大戰期間，羅素遭到監禁的地點是哪裡？
　　a. 哈洛威（Holloway）　　　b. 瑞丁（Reading）
　　c. 布里斯頓（Brixton）　　　d. 本東維爾（Pentonville）

2　康德一生居住工作的地點在哪裡？
　　a. 萊比錫　　　　　　　　b. 柯尼斯堡（Königsberg）
　　c. 海德堡　　　　　　　　d. 柏林

3　蘇格拉底被控腐化哪裡的青年，因而遭到判決處死？
　　a. 雅典　　　　　　　　　b. 羅馬
　　c. 亞歷山卓　　　　　　　d. 迦太基

4　沙特與西蒙・波娃死後葬在巴黎的哪個墓地？
　　a. 蒙帕納斯（Montparnasse）　b. 蒙馬特
　　c. 左岸　　　　　　　　　d. 聖心堂

5　史賓諾沙當初遭到荷蘭哪個城市的猶太居住區逐出？
　　a. 海牙　　　　　　　　　b. 萊頓（Leiden）
　　c. 哈倫（Haarlem）　　　　d. 阿姆斯特丹

6 笛卡兒在哪裡逝世？

    a. 安茹（Anjou）   b. 巴黎

    c. 斯德哥爾摩   d. 布魯塞爾

7 馬克思葬在倫敦的哪個墓地？

    a. 漢普斯特德（Hampstead）   b. 巴特西（Battersea）

    c. 戈爾德斯格林（Golders Green）

    d. 海格（Highgate）

8 下列哪個人不是出生在法國？

    a. 卡繆   b. 沙特

    c. 西蒙·波娃   d. 孔德

9 根據笛卡兒的說法，大腦的哪個部位是靈魂的所在地？

    a. 海馬回   b. 松果腺

    c. 胼胝體   d. 下視丘

10 布里丹的驢在哪裡？

    a. 在布里丹   b. 在柏拉圖的理型界

    c. 在兩堆稻草之間   d. 在攣生地球上

第二回合：引述

以下這些話是誰說的？

11「女人還沒有交朋友的能力：女人和貓、鳥等動物仍然沒有
　　兩樣。」
　　a. 史賓諾沙　　　　　　　　b. 柏拉圖
　　c. 亞里斯多德　　　　　　　d. 尼采

12「對於無法言說的事物，我們就應該保持靜默。」
　　a. 亞里斯多德　　　　　　　b. 沙特
　　c. 魁普奇（Kripke）　　　　d. 維根斯坦

13「暈眩的感受極為痛苦，以致我不是怕自己不小心跌下懸崖，
　　而是怕自己主動跳下去。」
　　a. 齊克果　　　　　　　　　b. 叔本華
　　c. 沙特　　　　　　　　　　d. 尼采

14「人類的自然狀態就是每個人對每個人的戰爭狀態。」
　　a. 洛克　　　　　　　　　　b. 馬克思
　　c. 尼采　　　　　　　　　　d. 霍布斯

15「寧可世界毀滅，也不願我自己的手指被刮傷，這種想法並
　不違反理性。」
　a. 休謨　　　　　　　　　b. 尼采
　c. 維根斯坦　　　　　　　d. 霍布斯

16「宗教是受壓迫者的嘆息，是冷酷世界的良心，是無情環境
　的心靈。」
　a. 齊克果　　　　　　　　b. 馬克思
　c. 叔本華　　　　　　　　d. 尼采

17「人生必須往前看，但是要了解人生就必須回頭看。」
　a. 齊克果　　　　　　　　b. 尼采
　c. 維根斯坦　　　　　　　d. 沙特

18「寧為不快樂的蘇格拉底，也不要當一頭快樂的豬。」
　a. 洛克　　　　　　　　　b. 休謨
　c. 彌爾　　　　　　　　　d. 霍布斯

19「請賜予我貞潔與禁欲，但請不要是現在。」
　a. 塞內加（Seneca）　　　b. 奧古斯汀
　c. 史賓諾沙　　　　　　　d. 安瑟姆（Anselm）

朱立安・巴吉尼
JULIAN BAGGINI

你以為你以為的就是你以為的嗎？
Do You Think What You Think You Think?

20「死亡一點也不可怕，因為只要我們還在，就表示死亡尚未
降臨；而死亡一旦降臨，我們也就不在了。」

a. 伊比鳩魯　　　　　　　b. 德謨克利特斯

c. 塞內加　　　　　　　　d. 蘇格拉底

第三回合：日期

21 蘇格拉底在哪一年被判死刑？

a. 339 BC　　　　　　　　b. 299 BC

c. 199 BC　　　　　　　　d. 99 BC

22 洛克逝世於哪一年？

a. 1550　　　　　　　　　b. 1704

c. 1750　　　　　　　　　d. 1850

23 史賓諾沙的《倫理學》（*Ethics*）出版的那一年，正好是他逝世
的同一年。請問是哪一年？

a. 1577　　　　　　　　　b. 1677

c. 1777　　　　　　　　　d. 1877

24 休謨活在哪個世紀？

a. 16世紀　　　　　　　　b. 17世紀

c. 18世紀　　　　　　　　d. 19世紀

25 康德的《純粹理性批判》(*Critique of Pure Reason*) 出版於哪一年？

    a. 1581   b. 1681

    c. 1781   d. 1881

26 羅素第一部偉大的著作《數學原理》(*Principia Mathematica*) 出版於哪一年？

    a. 1903   b. 1908

    c. 1913   d. 1918

27 彌爾的《論自由》(*On Liberty*) 出版於哪一年？

    a. 1709   b. 1759

    c. 1809   d. 1859

28 傅柯逝世於哪一年？

    a. 1884   b. 1948

    c. 1984   d. 1994

29 馬克思的《資本論》出版於哪一年？

    a. 1833   b. 1853

    c. 1873   d. 1893

30 尼采逝世於哪一年？

    a. 1880　　　　　　　　　　b. 1900

    c. 1920　　　　　　　　　　d. 1940

第四回合：作品

31 誰在 1789 年寫就《道德與立法原理》（*An Introduction to the Principles of Morals and Legislation*）？

    a. 彌爾　　　　　　　　　　b. 霍布斯

    c. 托馬斯・里德（Thomas Reid）

    d. 邊沁

32 誰寫了《語言、真理與邏輯》（*Language, Truth, and Logic*）？

    a. 艾爾（A. J. Ayer）　　　　b. 維根斯坦

    c. 奧斯汀（J. L. Austin）　　　d. 萊爾（Gilbert Ryle）

33 維根斯坦唯一在生前出版的作品是哪一部？

    a.《邏輯哲學論》（*Tractatus Logico-Philosophicus*）

    b.《哲學研究》（*Philosophical Investigations*）

    c.《論確定性》（*On Certainty*）

    d.《論數學的基礎》（*Remarks on the Foundation of. Mathematics*）

34《無政府、國家與烏托邦》（*Anarchy, State, and Utopia*）的作者是
誰？

　　a. 羅爾斯（John Rawls）　　　　b. 諾齊克（Robert Nozick）

　　c. 巴枯寧（Mikhail Bakunin）　　d. 湯瑪斯・摩爾（Thomas More）

35 羅素和誰合著了《數學原理》？

　　a. 穆爾（G. E. Moore）　　　　b. 拉姆齊（Frank Ramsey）

　　c. 維根斯坦

　　d. 懷德海（Alfred North Whitehead）

36《哲學的慰藉》（*The Consolations of Philosophy*）是誰寫的？

　　a. 艾倫・狄波頓（Alain de Botton）

　　b. 波愛修斯（Boethius）

　　c. 盧克萊修（Lucretius）

　　d. 塞內加

37 下列哪一本書不是齊克果的作品？

　　a.《重複》（*Repetition*）　　　　b.《或者一或則》（*Either/Or*）

　　c.《恐懼與厭惡》（*Fear and Loathing*）

　　d.《致死的疾病》（*The Sickness unto Death*）

朱立安 · 巴吉尼
JULIAN BAGGINI

你以為你以為的就是你以為的嗎？
Do You Think What You Think You Think?

38 誰寫了《宗教經驗之種種》（*The Varieties of Religious Experience*）？

    a. 威廉 · 詹姆斯（William James）

    b. 阿奎那（Thomas Aquinas）

    c. 聖安瑟姆（St. Anselm）

    d. 齊克果

39 誰寫了《開放社會及其敵人》（*The Open Society and Its Enemies*）？

    a. 以撒 · 柏林（Isaiah Berlin）   b. 羅素（Bertrand Russell）

    c. 波普（Karl Popper）   d. 傅盧（Antony Flew）

40 尼采在哪一本書探討他為何撰寫這些傑出著作的問題？

    a.《查拉圖斯特拉如是說》（*Also sprach Zarathustra*）

    b.《瞧！這個人》（*Ecce Homo*）

    c.《反基督》（*Der Antichrist*）

    d.《快樂的科學》（*Die fröhliche Wissenschaft*）

第五回合：理論與原則

41 哪一項原則與維也納學派有關？

    a. 雙果律（principle of double effect）

    b. 卡納普—石里克原則（Carnap-Schlick principle）

    c. 檢證原則（verification principle）

    d. 海森堡的測不準原理（Heinsberg's uncertainty principle）

42 哪一項原則認為實體的增加不應超過所需？

    a. 奧坎的剃刀   b. 休謨之叉

    c. 穆爾的極小論   d. 柏拉圖的辯證法

43 將一個字詞的兩個意義合併在一起，稱為什麼謬誤？

    a. 含糊其辭   b. 分歧

    c. 語意揚升   d. 類型／個別標誌的混淆

44 誰發明了範疇錯誤的概念？

    a. 羅素   b. 亞里斯多德

    c. 艾爾   d. 萊爾

45 下列哪一項不是哲學上的原則或論證？

    a. 休謨之叉   b. 帕斯卡的賭注

    c. 傅科擺   d. 奧坎的剃刀

46 誰創立了「單子論」這種形上學體系？

    a. 史賓諾沙   b. 萊布尼茲

    c. 胡塞爾（Husserl）   d. 伊拉斯謨斯（Erasmus）

47 哪一種政治意識型態與柏克的哲學思想有關？

    a. 自由主義   b. 保守主義

    c. 放任自由主義   d. 社會主義

朱立安・巴吉尼
JULIAN BAGGINI

你以為你以為的就是你以為的嗎？
Do You Think What You Think You Think?

48 哪一種政治意識型態與巴枯寧的哲學思想有關？

    a. 無政府主義   b. 自由主義

    c. 保守主義   d. 社會主義

49 哪一個哲學學派與杜威及皮爾斯密切相關？

    a. 情緒主義   b. 實用主義

    c. 邏輯實證主義   d. 唯心論

50 費耶阿本德（Paul Feyerabend）有一本最知名的著作，由其書名判斷，他最反對的事情是什麼？

    a. 理論   b. 理性

    c. 道德   d. 方法

第六回合：其他

51 以下哪一項論證試圖證明神必然存在？

    a. 目的論證   b. 本體論證

    c. 宇宙論證   d. 義務論證

52 犯了人身攻擊謬誤的論證具有什麼特徵？

    a. 與特定人有關   b. 對人不對事

    c. 訴諸普世相同的人性 d. 堅決果斷

53 以下哪個地區不是洛克、柏克萊以及休謨的出生地？
　　a. 英格蘭　　　　　　　　b. 愛爾蘭
　　c. 蘇格蘭　　　　　　　　d. 威爾斯

54 根據「philosopher」這個字的字源，哲學家是愛好什麼的人？
　　a. 真理　　　　　　　　　b. 科學
　　c. 生命　　　　　　　　　d. 智慧

55 18世紀的啟蒙時代哲學家盧梭，曾經坦承對自己的孩子做
　　了什麼事？
　　a. 打他們　　　　　　　　b. 把他們全部送到孤兒院
　　c. 不讓他們和其他小孩玩　d. 盧梭根本沒有生育能力

56 卡繆踢足球是擔任什麼位置？
　　a. 守門員　　　　　　　　b. 防守員
　　c. 中場球員　　　　　　　d. 進攻球員

57 下列哪一位婉拒領取諾貝爾文學獎？
　　a. 卡繆　　　　　　　　　b. 羅素
　　c. 沙特　　　　　　　　　d. 海德格

朱立安・巴吉尼
JULIAN BAGGINI

你以為你以為的就是你以為的嗎？
Do You Think What You Think You Think?

58 據說維根斯坦在 1946 年用什麼東西威脅波普？

　　a. 斧頭　　　　　　　　　b. 公然羞辱

　　c. 撥火棒　　　　　　　　d. 拳頭

59 哪一位哲學家殺了自己的妻子？

　　a. 阿圖塞（Louis Althusser）　　b. 費耶阿本德

　　c. 馬庫色（Herbert Marcuse）　　d. 尼采

60 誰藉由踢石頭駁斥柏克萊的唯心論？

　　a. 包斯威爾（James Boswell）　　b. 休謨

　　c. 佩皮斯（Samuel Pepys）　　　d. 約翰生（Samuel Johnson）

你的成績如何？

正確答案如下：

1	c	11	d	21	a	31	d	41	c	51	b
2	b	12	d	22	b	32	a	42	a	52	b
3	a	13	c	23	b	33	a	43	a	53	d
4	a	14	d	24	c	34	b	44	d	54	d
5	d	15	a	25	c	35	d	45	c	55	b
6	c	16	b	26	a	36	b	46	b	56	a
7	d	17	a	27	d	37	c	47	b	57	c
8	a	18	c	28	c	38	a	48	a	58	c
9	b	19	b	29	d	39	c	49	b	59	a
10	c	20	a	30	b	40	b	50	d	60	d

朱立安‧巴吉尼
JULIAN BAGGINI

你以為你以為的就是你以為的嗎？
Do You Think What You Think You Think?

　　這次沒有深入解析，只有我們用自己「充滿偏見」的看法，指出你的成績所代表的意義。

50分以上	如果哲學領域中還有你不知道的事情，這些事情也不值一顧了。
36－49分	關於哲學，你知道的一切都非常重要。
23－35分	關於哲學，你知道的一切都頗為重要。
11－22分	關於哲學，你知道的一切都還算重要。
10分以下	關於哲學，你知道的一切其實一點都不重要。

致謝
Acknowledgements

　　感謝喬治・米勒（George Miller）與蓋爾・林區（Gail Lynch）支持我們寫作本書的想法，也感謝TPM Online（www.philosophersnet.com）的會員幫我們測試書中這些測驗的線上版本。感謝奧菲莉亞・班森（Ophelia Benson）、薩吉達・艾哈邁德（Sajidah Ahmad）、萊絲莉・萊文（Lesley Levene）、黛芙妮・塔特（Daphne Trotter）、喬安娜・麥納瑪拉（Joanna Macnamara）的仔細校閱。書中如有錯誤，完全是作者自己的責任。

　　「哲學健康檢查」改編自瑪莉蓮・曼森（Marilyn Mason）的原創概念。

　　「邏輯大考驗」的靈感來自於彼得・華生（Peter Wason）、勒達・科斯米德斯（Leda Cosmides）與約翰・托比（John Tooby）3人的原創作品。

　　「神明DIY工作室」改編自傑瑞米・海沃德（Jeremy Hayward）與瓊斯・吉羅德（Gerald Jones）的原創概念。霍德・穆雷（Hodder Murray）強烈推薦他們兩人的著作，其中的哲學活動尤其適合老師在課堂上使用。

　　「挑戰禁忌」的靈感主要來自強納森・海德特（Jonathan

Haidt）、西爾維亞・海倫娜・科勒（Silvia Helena Koller）與瑪麗亞・
迪亞士（Maria G. Dias）3人的著作。

　　「莎士比亞vs. 布蘭妮」當中概論藝術的主要哲學理論，大量
參考了大衛・庫珀（David Cooper）的《美學：經典閱讀》（*Aesthetics:
The Classic Readings, Blackwell*）。如果讀者有意進一步了解這些理論，
我們也推薦你參閱這部著作。

　　本書是源自我們在《哲學家雜誌》（*The Philosophers' Magazine*）
上的作品。這本雜誌能夠持續發行，有賴許多贊助者的大力支
持，以及許多個人的貢獻，諸如奧菲莉亞・班森（Ophelia Ben-
son）、丹尼斯・柯林斯（Denis Collins）、喬納森・德比夏爾（Jona-
than Derbyshire）、蘇珊・杜爾（Susan Dwyer）、西蒙・伊森（Simon
Eassom）、彼得・福斯（Peter Fosl）、溫蒂・葛洛斯曼（Wendy Gross-
man）、馬修・愛芮兒（Mathew Iredale）、麥可・拉布西爾（Michael
LaBossiere）、傑夫・梅森（Jeff Mason）、史考特・麥克里米（Scott
McLemee）、克里斯多福・諾里斯（Christopher Norris），以及克里斯
汀・佩林（Christian Perring）。當然，更要感謝我們的讀者。

你
以
為
的
嗎
？

你
以
為
的
就
是

你
以
為

的哲學闖關遊戲（新版）

12道檢測思考清晰度

作　　者　朱立安‧巴吉尼（Julian Baggini）、
　　　　　傑瑞米‧史坦葛倫（Jeremy Stangroom）
譯　　者　陳信宏
責任編輯　林如峰
國際版權　吳玲緯　蔡傳宜
行　　銷　艾青荷　蘇莞婷　黃俊傑
業　　務　李再星　陳紫晴　陳美燕　馮逸華
主　　編　林怡君
編輯總監　劉麗真
總 經 理　陳逸瑛
發 行 人　涂玉雲

你以為你以為的就是你以為的嗎？12道檢測思考
清晰度的哲學闖關遊戲／朱立安‧巴吉尼
（Julian Baggini）、傑瑞米‧史坦葛倫（Jeremy
Stangroom）作；陳信宏譯.
－二版.－臺北市：麥田出版：
家庭傳媒城邦分公司發行，2019.04
面；　公分.－
譯自：Do you think what you think you think? :
the ultimate philosophical handbook
ISBN 978-986-344-641-5（平裝）
1.哲學 2.思維方法 3.通俗作品
100　　　　　　　　　　　　108003055

封面設計　兒日設計
印　　刷　漾格科技股份有限公司
初版一刷　2007年5月
二版三刷　2021年9月

定　　價　新台幣300元
Ｉ Ｓ Ｂ Ｎ　978-986-344-641-5
Printed in Taiwan
著作權所有‧翻印必究

出　　版

麥田出版
台北市中山區104民生東路二段141號5樓
電話：(02) 2-2500-7696　傳真：(02) 2500-1966
網站：http://www.ryefield.com.tw

發　　行

英屬蓋曼群島商家庭傳媒股份有限公司城邦分公司
地址：10483台北市民生東路二段141號11樓
網址：http://www.cite.com.tw
客服專線：(02)2500-7718; 2500-7719
24小時傳真專線：(02)2500-1990; 2500-1991
服務時間：週一至週五 09:30-12:00; 13:30-17:00
劃撥帳號：19863813　戶名：書虫股份有限公司
讀者服務信箱：service@readingclub.com.tw

香港發行所

城邦（香港）出版集團有限公司
地址：香港灣仔駱克道193號東超商業中心1樓
電話：+852-2508-6231　傳真：+852-2578-9337
電郵：hkcite@biznetvigator.com

馬新發行所

城邦（馬新）出版集團【Cite(M) Sdn. Bhd. (458372U)】
地址：41, Jalan Radin Anum, Bandar Baru Sri Petaling,
57000 Kuala Lumpur, Malaysia.
電話：+603-9057-8822　傳真：+603-9057-6622
電郵：cite@cite.com.my